くらしのこよみ

七十二候の料理帖

うつくしいくらしかた研究所

平凡社

はじめに

日本にはうつくしい四季があります。

日本人は昔から、季節感を上手に暮らしの中に取り入れてきました。

そのよりどころとなったのが、ほぼ十五日ごとに廻る「二十四節気」です。

地球から見た太陽の通り道「黄道」三百六十度を十五度ずつ二十四に区切り、
そのひとつひとつに節気を配して季節の移り変わりを表したものです。

さらに、二十四節気を三区分したものが「七十二候」です。

こちらはだいたい五日単位で、その時期の特徴的な自然現象を意味する名前がつけられています。

「うつくしいくらしかた研究所」では、この七十二候という考え方に着目し、
日本の季節を愉しむための手引きとして、『くらしのこよみ』と題する
電子アプリや書籍を、二〇一〇年からご提供してきました。

海に囲まれ、野山にも恵まれた日本では、
それぞれの季節に、一年でそのときが一番おいしい「旬」の食材があります。
日本人は、季節ごとの自然を愛でると同時に、旬を大切にした食文化もはぐくんできたのです。
『くらしのこよみ』でも、ぜひ味わっていただきたい旬の食材を、数多くご紹介しています。

一方、食文化とは、もともと保守的なものだといわれます。

自分が食べ慣れたものをおいしいと思う。

イタリア人は毎日イタリアンを食べる。フランス人はフレンチを。

中国人は中国料理を。インド人はインド料理を食べています。

私たち日本人も、きっと和食が好きな方が多いのではないでしょうか。

ところが、世界の東の果てにあるこの島国では、
あらゆる国の料理を自国の文化として取り入れてきました。

海外から帰国して、空港に着くとまっさきに食べたくなるのは、寿司や味噌汁ばかりではありません。

カレーライス、ラーメン、餃子、ハンバーグ、スパゲティ・ナポリタン……。

日本食は常に拡張を続けているのです。

そう。日本ほど、四季折々の食材を愉しめる国もなければ、
それを世界中の調理法でアレンジし、愉しんできた国もまた、ありません。

この本は、このような日本の食文化の特殊性を考えながら作りました。
旬の食材を生かした和食をたんにご提案するのではありません。
旬の食材と世界の調理法との掛け算によって、
縦横無尽に季節と世界を愉しむための、新しい料理帖です。

これ一冊あれば、わが家の食卓に地上の歓びを見いだせるでしょう。

世界一うつくしい季節を味わえる島に住みながら、世界中の料理で旬を愉しむことができる。

「ああ、この国にうまれてよかった」

そう実感していただけることを願っています。

二〇一三年十一月　うつくしいくらしかた研究所

もくじ

秋

冬

本書の見方

◉二十四節気のページ

❶二十四節気名
❷二十四節気の期間
❸旬の食材
❹旬の時期
❺レシピを掲載しているページ

◉七十二候のページ

❶七十二候名
❷七十二候の料理名
❸**【材料】** 基本分量は2人分です。
（　）内に切り方や種類を表記しています。
〈飾り〉は、色どりで加えていますのでお好みでご使用ください。
●**調味料について**　一般的な「さしすせそ」※以外に左記の調味料を使用しています。
オイスターソース・ナンプラー・豆板醤・コチュジャン・チリパウダー
※砂糖・塩・酢・しょうゆ・味噌
❹**【作り方】** 魚介類などは下処理済みのものとしています。
❺**おぼえ書き**　調理に関しての注意点などを記載しています。
❻七十二候の期間

春

立春《りっしゅん》

二月四日～十八日頃

文字通り「春立つ」時節ということで、寒さも峠をこえてこれからは春に向かうことを意味する節気《せっき》名です。旧暦ではここをお正月としました。

あおやぎ

1月～3月

「バカガイ」が正式名。むき身は弾力があり、指などでさわると動くものが新鮮。貝柱のみは「小柱」とよぶ。

伊勢海老／いせえび

2月、10月～11月

伊勢や房総半島沿岸が主な産地で、ほとんどが天然もの。殻からはいいだしが出るので鍋にも向いている。

高菜／たかな

葉にツヤがあり、茎は太くしっかりしているものがよい。辛みのもとはマスタードなどと同じ成分による。

↓11ページ

小松菜／こまつな

12月～3月

葉に厚みがあり濃い緑色で、茎や株がしっかりしたものを選ぶとよい。鮮度が落ちやすいので2、3日で食べきるように。

↓10ページ

いとより

12月～2月

赤と黄色の筋状の模様が糸を撚っているように見えることが名前の由来。皮の部分にサッと火を通すと甘みが増す。

↓11ページ

蕗の薹／ふきのとう

2月

日本原産の山菜。独特の香りと苦みが特徴だが、つぼみが固く閉じた小ぶりのものは苦みが少ない。

↓9ページ

伊予柑／いよかん

1月～3月

ヘタが小さく、皮にハリがありオレンジ色が鮮やかなものがよい。手で持った時に、ずっしりと重みが感じられるものを選ぶ。

↓10ページ

第一候

東風解凍《はるかぜこおりをとく》

春の兆しのあたたかい風が吹き、厚い氷を融かし始めます。雪解けを待たずにいちばん早く顔を出す山菜は蕗の薹。蕗の薹の肉巻きおむすびに、蕗の薹味噌を合わせて。春の訪れを思いつつ、大人の苦みを味わう一品です。

蕗《ふき》の薹《とう》づくしの肉巻きおむすび

2月4日〜2月8日頃

【材料】

肉巻き		ふきのとう	6個
		豚肉(バラ)	6枚
		しそ	6枚
		ご飯	3膳
		海苔(3切)	6枚
		サラダ油 / 白ごま	適量
味噌ダレ		ふきのとう(みじん切り)	10個
	A	味噌、みりん	大さじ3
		砂糖	大さじ2
		酒	小さじ1

【作り方】 調理時間20分

1 ふきのとうはきれいに洗い、ゆでてアクを抜き、よくしぼって水気を切っておく。

2 味噌ダレ用のふきのとうを細かく刻む。

3 鍋にAを入れ弱火にかけ、トロッとしてきたら2を入れる。全体に和えたら、冷ましておく。

4 肉巻き用のふきのとうに豚肉を巻きつけて、フライパンで焼く。

5 4にしそを巻き、おむすびにして海苔を巻き、3をつける。

おぼえ書き　ふきのとうのアク抜きは、水1リットルに対して小さじ1程度の重曹を加えて3分程ゆで、冷水に10分以上さらします。

第二候

黄鶯睍睆《うぐいすなく》

山里では春の象徴・鶯が美しい音色で鳴き始めます。この頃に出回ることから「鶯菜」の名を持つ小松菜は、シャキシャキとした食感と伊予柑の酸味が愉しめ、鮮やかな緑と橙色が見た目にも爽やかな冬のサラダです。

2月9日〜2月13日頃

鶯菜《うぐいすな》と伊予柑《いよかん》のサラダ仕立て

【材料】

小松菜……………………………1束
いよかん…………………………1個
オリーブ油………………………大さじ1
白ワイン酢(または米酢)………大さじ1
塩・コショウ……………………少々

【作り方】 調理時間10分

1 小松菜は塩を入れた湯でゆでる。冷水にさらして水気を切り、4㎝程の大きさに切り分ける。

2 いよかんは、皮をむき、一口大に裂く。

3 ボウルに1と2を入れて、オリーブ油を全体にからめ、白ワイン酢、塩・コショウで調味する。

おぼえ書き　小松菜は、ゆですぎないようにして、シャキシャキとした食感を残しましょう。

第三候

魚上氷《うおこおりをいずる》

川や湖の水が温《ぬく》み、水面の氷が割れて魚が飛び出してくる時期。鮮やかなピンクと黄色のラインが美しいいとよりをソテーにしました。さっぱりした野菜の付け合わせと、胡麻油が香る高菜の炒飯を添えていただきます。

春いとよりのソテーと高菜炒飯

2月14日〜2月18日頃

【材料】

ソテー	イトヨリ(三枚おろし)	2尾
	ニンニク(みじん切り)	1片
	オリーブ油	大さじ1
	白ワイン	大さじ2
	レモン(輪切り)	適量
	小麦粉／塩・コショウ	少々
	A ラディッシュ(スライス)	適量
	A かいわれ大根(5cm)	適量
	A 大根(細切り)	適量
炒飯	高菜漬け(みじん切り)	50g
	ご飯	2膳
	ごま油	大さじ½

【作り方】調理時間25分

1 フライパンにごま油を入れ、高菜漬けを炒め、ご飯を加えて全体をからめるようにして炒める。

2 イトヨリは塩・コショウをして小麦粉をまぶしておく。

3 フライパンにニンニクを入れ、オリーブ油を熱して2を皮目からカリッと焼く。返したら白ワインを入れて火を通す。

4 ボウルなどでAを混ぜ合わせ、皿にしき、3とレモンを盛りつける。

おぼえ書き　イトヨリは、大きいものは40cm程になるため、サイズによって分量を調節してください(調理例は30cm)。

雨水《うすい》

二月十九日～三月四日頃

この頃になると寒さがほんの少し和らぐのが感じられます。厳しい冬の間降っていた雪が雨に変わり、川や池に厚く張っていた氷も融けて水になっていきます。

蛤／はまぐり

2月～4月

ゴロッとして厚みがあり、殻がしっかり閉じているものを選ぶ。新鮮な貝は、貝同士を打ち付けると澄んだ音がする。

↓15ページ

山独活／やまうど

3月～4月

山で自生しているほか、畑で露地栽培されている。穂先が緑色でうぶ毛が均一に生え、茎が短くしっかりしたものがよい。

菜の花

2月～4月

つぼみが小さく固くしまっているものがよい。葉は鮮やかな緑色、茎は切り口が変色しておらず、みずみずしいものを。

鯥／むつ

目が青く澄んでいて、おなかをさわってハリがあるものがよい。切り身の場合は、淡いピンク色をしているものを選ぶ。

苺／いちご

1月～5月

ヘタは鮮やかな緑色で、実は赤味にムラがなく、ツブツブが揃っているものがよい。ヘタをつけたまま洗うとビタミンCの流出を抑えられる。

チコリー

葉先は黄色く開いていないもの、茎はツヤがあり巻きがしっかりしているものを選ぶとよい。アンディーブともいう。

↓14ページ

竹麦魚／ほうぼう

2月～3月

目や体表のぬめりが透明で、おなかが白く引き締まっているものを選ぶ。産卵前は脂がのっていて美味。

↓13ページ

明日葉／あしたば

山菜のなかでは比較的アクが少なく、食べやすい。切り口がきれいで、茎は太すぎず、しなやかなものがよい。

第四候

土脉《つちのしょう》潤《うるおい》起《おこる》

しっとりとした春の雨が降り始め、冷たく締まっていた土を徐々に潤します。暦の上では春でも、まだまだ寒いこの時期、淡白ながらもコクのある竹麦魚と野菜の旨みを生かしたフランス漁師風スープで温まりましょう。

竹麦魚《ほうぼう》を入れた贅沢ブイヤベース

2月19日〜2月23日頃

【材料】

ホウボウ		200g
エビ		150g
アサリ		150g
ニンニク		1片
A	玉ねぎ、セロリー、人参、じゃがいも	各80g
B	トマト水煮	1缶
B	ブイヨンスープ	2カップ
B	サフラン	適量
白ワイン		1カップ
オリーブ油		大さじ2
塩・コショウ		少々
〈飾り〉パセリ（みじん切り）		適量

【作り方】 調理時間60分

1. Aはすべて約1cm角のさいの目切りにする。
2. 鍋にオリーブ油、ニンニクを入れて弱火で炒め、1を加えて、15分程炒める。
3. 2にホウボウ、エビ、アサリを入れ中火にし、白ワインを加えてサッと炒め、アルコール分を飛ばす。Bを加えて蓋をする。
4. 沸騰したら弱火にして30分程煮込む。この時、水分が足りない場合は水を足す。
5. 材料が崩れないように時々混ぜ合わせる。スープ全体が濃厚に色付いてきたら、器に盛りつけ、パセリを散らす。

おぼえ書き　サフランは色付けで使用するため、なくてもおいしく仕上がります。

第五候

霞始靆《かすみはじめてたなびく》

2月24日～2月28日頃

春になって大気中に水滴や細かな塵《ちり》が増え、遠くの山や景色がぼやけて見えたり、雲が低くたなびいて見えることを、古来「霞」と呼び習わしてきました。旬を迎えたチコリーに、霞のような豆乳ホワイトソースをかけて。

チコリーの春霞《はるがすみ》ソース

【材料】

チコリー……2本
玉ねぎ（スライス）……½個
えのき茸（4㎝）……100g
ハム（4㎝幅）……40g
ニンニク（みじん切り）……1片
オリーブ油……大さじ1
A ┌ 白ワイン……大さじ1
　 │ 生クリーム……½カップ
　 └ 豆乳（または牛乳）……1カップ
塩・コショウ……少々
〈飾り〉パセリ（みじん切り）……少々

【作り方】調理時間15分

1 チコリーは根元を切り落として、縦半分に切る。
2 小鍋にオリーブ油、ニンニクを入れて弱火で熱し、香りが立ったら、玉ねぎ、えのき茸、ハムの順に炒める。
3 2の具材がしんなりしてきたら、Aを加えて半量になるまで弱火で煮詰め、塩・コショウで調味する。
4 フライパンにオリーブ油を入れ、1のチコリーを焼き目がつくまで焼く。
5 器に盛り、3のソースをかけ、パセリを散らす。

おぼえ書き　クリームソースを作る際には、具材を焦がさないように、弱火で（沸騰させないように）じっくり仕上げます。

第六候

草木《そうもく》萌《めばえ》動《いずる》

土の中や枝々では、新しい命が春の訪れを感じ、いっせいに芽生えが始まります。ちょうど桃の節句のこの時期。雛祭りに供えられる蛤をガーリックバターで焼いた、春らしい一品をいただきましょう。

蛤《はまぐり》の香草焼き

【材料】

ハマグリ(砂抜き)	4 〜 6 個
白ワイン	大さじ 2
オリーブ油	大さじ 1
A パン粉、粉チーズ	適量
B バター(常温)	20g
B ニンニク(みじん切り)	1 片
B パセリ(みじん切り)	適量

【作り方】 調理時間 10 分

1 A と B はそれぞれ合わせておく。

2 鍋にハマグリと白ワインを入れ、蓋をして蒸し煮する。殻が開いたら取り出して、身のないほうの殻は、ねじって外す。

3 トースターにアルミホイルをしき、ハマグリの上に A、B をのせ、3 〜 5 分程焼く。

おぼえ書き　白ワインや、辛口のきりりと冷やした日本酒にもよく合います。

啓蟄《けいちつ》

三月五日～十九日頃

地中で冬ごもりをしていた虫たちが、早春の光を浴びて温《ぬく》もった土を啓《ひら》き、這い出してくる、という意味です。「虫」とはいいますが、この場合はいわゆる昆虫だけではなく、蛇や蛙、蜥蜴《とかげ》など、土にひそんで冬を過ごすさまざまな生き物をさすとされます。

芹／せり

3月～4月

葉はみずみずしい緑色で茎がまっすぐ伸びているもの。茎が太いものは固いので細めのものを選ぶとよい。

↓19ページ

鰆／さわら

3月～5月、10月～12月

身が締まっていて体の表面が銀色に輝いているものがよい。頭よりも尻尾に近いほうがおいしいといわれる。

赤貝／あかがい

殻つきはしっかり閉じているもの、むき身はふっくらと厚みがあり赤味が鮮やかなものを選ぶとよい。

↓17ページ

蛍烏賊／ほたるいか

3月～5月

生のホタルイカは目が澄んでいてツヤがあるものを選ぶ。ゆでてあるものは身がふっくらとしているものがよい。

浅蜊／あさり

2月～4月

殻つきは色や模様で味が変わることはないが、模様がはっきりしているものを選ぶとよい。むき身はプリプリ感があるものを。

↓19ページ

山葵／わさび

3月

根茎が太くみずみずしいものを選ぶ。空気にふれることで辛みが増すが、揮発性成分なのですりおろしたらすぐに使うように。

ぜんまい

3月～4月

生のゼンマイはアク抜きが必要。アク抜き済みの水煮や、水に浸けて戻して使う乾燥ゼンマイを使うと便利。

↓18ページ

鰊／にしん

3月

黒目がくっきりとしていて、体に厚みがあるものがよい。エラが赤黒くなっているものは避ける。

第七候

蟄虫啓戸《すごもりむし とを ひらく》

生き物がいっせいに活動を始めるこの時期、赤貝も産卵にそなえて身が太り、旨みが増します。新鮮なうちに食するのが一般的ですが、ひと手間加えて酢味噌和えに。魚介と相性のよい九条ネギと合わせると風味豊かに。

赤貝のぬた

3月5日～3月9日頃

【材料】

	赤貝（刺身用）	6 個
	九条ネギ	100g
A	西京味噌	100g
	米酢	大さじ 3
	みりん	大さじ 2
	砂糖	小さじ 2
	練り唐辛子	適量

【作り方】 調理時間 15 分

1 小鍋に A の材料を合わせ、中火にかける。沸騰させないようにツヤが出るまで木べらで 3 分程練り上げたら、ボウルに移し、冷ましておく。

2 赤貝は軽く湯通しし、食べやすい大きさに切る。

3 九条ネギは、10 秒程湯がき、冷水にさらし水気を切り、5cm幅に切り分ける。

4 1 のボウルに 2 と 3 を入れ、混ぜ合わせる。

おぼえ書き　九条ネギは（緑の）葉の部分がやわらかく、甘みとぬめりがあり、臭みを消す効果があるため、魚介類とよく合います。

第八候

桃始笑《ももはじめてさく》

桃の花が開き始める頃。旧暦の三月三日頃にあたるので、雛祭りは本来この時期だったのだと思い当たります。胡麻油の風味が香るご飯とナムルを使い、彩りも春らしい韓国風太巻きで桃の節句を祝いましょう。

ぜんまいを愉しむ韓国風太巻き

3月10日〜3月14日頃

【材料】（2本分）

ぜんまい（5cm）……100g
　＊味付け：ごま油、しょうゆ、みりん、酒各小さじ2／ヤンニョム 小さじ½
人参（千切り）……50g
　＊味付け：ヤンニョム 小さじ½／酢、砂糖各小さじ1
ほうれん草（5cm）……½束
　＊味付け：しょうゆ、ごま油 各大さじ1／ヤンニョム 小さじ½
厚焼き卵（1cm角、20cm幅）……適量
ご飯4膳
　＊味付け：ごま油 大さじ½／塩 小さじ½／白ごま 適量
海苔（全形）……2枚

【作り方】 調理時間30分

1 ほうれん草、人参は、ゆでて調味する。
2 ぜんまいは、ごま油で炒め、しょうゆ、酒、みりん、ヤンニョムを入れてさらに炒めて、冷ましておく。
3 ご飯に、ごま油、塩、白ごまを入れて混ぜ合わせておく。
4 巻きすに海苔、3をしき、1と2、厚焼き卵をのせて巻き、食べやすい大きさに切る。

おぼえ書き　ヤンニョムとは、長ネギ：玉ねぎ：ニンニクを2：2：1の割合で、ペースト状にしたものです。

第九候

菜虫化蝶《なむしちょうとなる》

野原を舞う蝶は春の象徴。青虫が羽化して紋白蝶になる頃ですので、蝶の形をしたパスタのファルファッレを使い、食卓にも春を招いてみました。新鮮な浅蜊と、シャキシャキとした食感の香り高い芹をたっぷりと使ったパスタです。

3月15日〜3月19日頃

浅蜊と芹のボンゴレ

【材料】

	アサリ（砂抜き）	300g
	せり（4㎝幅）	1束
	パスタ（ファルファッレ）	300g
	白ワイン	1カップ
	バター	10g
A	オリーブ油	大さじ1
A	ニンニク（みじん切り）	1片
	塩・コショウ	少々

【作り方】 調理時間15分

1 パスタはやや固めにゆでる。ゆで汁はとっておく。

2 フライパンにAを入れ、香りが立ったら水気を切ったアサリ、白ワインを加えて蓋をする。アサリの口が開いたら一度取り出す。

3 2のフライパンを強火にかけ、1とお玉一杯分のゆで汁を入れ、半量ぐらいまで煮詰める。

4 アサリを戻し、せり、バターを加えて全体をからめるように炒め、塩・コショウで調味する。

おぼえ書き　パスタを固めにゆでる場合は、表示時間からマイナス2分程を目安とします。

春分《しゅんぶん》

三月二十日〜四月三日頃

秋分と同様に、昼と夜が同じ長さになります。いよいよ本格的な春の到来。日増しに強くなる陽射しを感じながら全国の桜の開花を聞く、一年でいちばん心がうきうきとする時期です。また、学校、職場での送別や転居など、生活の変化が多いのもこの時期。

海蘊／もずく

3月
磯の香りが強いものがよい。酢と合わせて食べると食物繊維のひとつであるフコイダンの吸収力が高まる。

↓ 22ページ

飯蛸／いいだこ

3月〜4月
抱卵中のメスをゆでると卵が米粒のように見えることが名前の由来。生、ゆでともに吸盤の大きさが揃っているものがよい。

↓ 23ページ

白魚／しらうお

2月〜4月
「シラウオ」と読み、「シロウオ（素魚）」とは別の魚。生きているものは体に透明感があり光沢があるものがよい。

土筆／つくし

3月
穂先が開いておらず、茎がしっかりしているものがよい。袴と袴の間隔が狭いほうがやわらかく味がよいとされる。

玉葱／たまねぎ

3月〜4月、9月〜10月
地中に埋まっているので根と思いがちだが、玉の部分は茎（葉）。表面がよく乾いており頭の部分が固いものを選ぶとよい。

↓ 21ページ

韮／にら

3月〜4月
葉は鮮やかな緑色で切り口がみずみずしいものを選ぶとよい。根元に近いほうが香りが強く、栄養素も豊富。

↓ 23ページ

細魚／さより

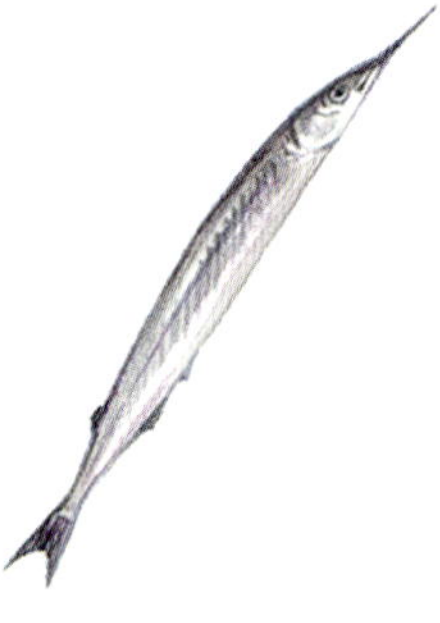

3月〜5月、9月
クチバシ（下あご）の先端の赤味がはっきりしているものは鮮度が高い。刺身は皮に光沢があり透明感があるものがよい。

浅葱／あさつき

3月
葉先までピンとしており、根が乾いていないものがよい。薬味で使われることが多いが、殺菌効果もある。

↓ 22ページ

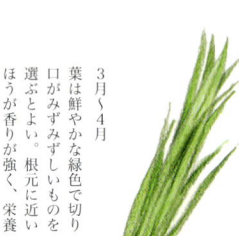

第十候

雀始巣《すずめはじめてすくう》

雀が巣を作り始める頃。新鮮でみずみずしい新玉葱と、スモークサーモン、グレープフルーツを使って、「雀の巣」をイメージした爽やかな春のサラダを作りましょう。春の新玉葱は辛みが少ないため、生食がおすすめです。

新玉葱のサラダ　雀の巣見立て

3月20日〜3月24日頃

【材料】

	新玉ねぎ（スライス）	1個
	スモークサーモン	100g
	グレープフルーツ	1個
	レタス	½個
	ディル（乾燥でも可）	適量
A	レモン汁	大さじ1
A	白ワイン酢	大さじ1
A	オリーブ油	大さじ2
A	塩・コショウ	少々

【作り方】 調理時間10分

1. グレープフルーツは皮をむき、一口大に切る。スモークサーモンは食べやすい大きさに切る。
2. レタスは食べやすい大きさにちぎる。
3. ボウルに1と新玉ねぎ、刻んだディルを入れ、混ぜ合わせる。
4. 器に2と3を盛りつけ、混ぜ合わせたAをまわしかける。

おぼえ書き　生のディルは、余ったらオリーブ油や酢に漬けたり、マヨネーズと合わせておくと保存が利きます。

第十一候

桜始開《さくらはじめてひらく》

3月25日〜3月29日頃

桜前線が北上し、今か今かと待ち焦がれた春の到来です。海蘊も若芽がとれる時期です。なめらかでシャキシャキとした食感を生かし、香りのよい浅葱と合わせて、酸味の利いた中華風スープでいただきましょう。

浅葱《あさつき》と海蘊《もずく》のチャイニーズスープ

【材料】

	もずく	300g
	あさつき(5cm)	4本
	卵	2個
A	えのき茸(5cm)	½パック
	人参(5cmの細切り)	¼本
	豆腐(5cmの細切り)	50g
B	酢	大さじ1
	しょうゆ	小さじ1
	白ごま	適量
	中華スープ	3カップ
	ラー油(お好みで)	適量

【作り方】 調理時間15分

1 もずくはサッと洗って水気を切る。

2 鍋に中華スープを入れて火にかけ、ひと煮立ちしたらAを加えて、人参に火が通るまで3分程煮込む。

3 2に1とB、あさつきを加える。沸騰したら溶き卵を流し入れ、軽くかき混ぜ、蓋をして1分程蒸らす(お好みで、ラー油を加える)。

おぼえ書き　卵を流し入れる際は、沸騰しているところにゆっくりと、固まらないように流し入れるのがコツです。一気に入れるとダマになるので気をつけましょう。

第十二候

雷乃発声《かみなりすなわちこえをはっす》

桜の盛りが過ぎると、冬の間はどこかにひそんでいた雷が、再び遠くの空で鳴り始めます。旬の飯蛸をフライパンの上で雷のように踊らせて、刺激的な辛さと飯蛸の歯ごたえが癖になる、エネルギッシュな一皿を。

飯蛸《いいだこ》の辛口雷炒め

3月30日〜4月3日頃

【材料】

イイダコ		400g
ニラ（5㎝幅）		½束
玉ねぎ（1.5㎝幅）		½個
人参（短冊切り）		¼本
A	粉唐辛子	大さじ2
	コチュジャン	大さじ½
	ニンニク（すりおろし）	大さじ2
	砂糖／しょうゆ	大さじ1.5
ごま油		大さじ1
白ごま／糸唐辛子（お好みで）		適量

【作り方】 調理時間15分

1 Aの材料を合わせておく。

2 フライパンにごま油とイイダコを入れ、強火で1分程炒める。

3 2に玉ねぎと人参を加え、炒める。

4 火が通ったらニラを加えて全体にAをよくからめながら、炒める（お好みで白ごま、糸唐辛子を散らす）。

おぼえ書き　辛さは、粉唐辛子を減らしコチュジャンを増やして調節します。トック（韓国の餅）を入れるとボリューム満点の一皿になります。

清明《せいめい》

四月四日～十九日頃

春の暖かな陽射しの中、まさに天地万物が清らかな明るさに輝いている様を表す言葉。中国では古くからこの清明節の時期に、先祖の墓参りや、「踏青《とうせい》」といって野に出て春の緑を満喫するなどの行事が行われました。

栄螺／さざえ

3月～4月

持った時にずっしりと重みがあり、振ってみて音がしないもの。フタの部分をさわると引っ込むものがよい。

↓25ページ

蕨／わらび

4月

全体に細かいうぶ毛が生えているもので、茎が短く太いものがよい。毒性が強いので必ずアク抜きをしてから使う。

新じゃがいも

4月～5月

皮がうすく傷がないものがよい。芽が出ていたり緑色になっているものは避ける。風通しのよい冷暗所で保存する。

↓25ページ

鰹／かつお

3月～5月

1尾の場合はおなかの縞模様がはっきりしているもの、切り身の場合は透明感があり赤味が美しいものを選ぶとよい。

↓26ページ

春キャベツ

4月～5月

葉はふんわりと巻きがゆるく、やわらかな緑色、芯は細めで切り口にみずみずしさが残っているものがよい。

葉山椒／はざんしょう

4月

表面にツヤがあり、黒い斑点などがない小ぶりの葉を選ぶとよい。葉だけでなく、花や実も香辛料として使われる。

飛魚／とびうお

4月

西日本では「あご」とよばれる。うろこが揃っていて、背びれ部分の青味が強く、おなかは白く輝いているものがよい。

桜海老／さくらえび

4月、10月

生の場合は体が白っぽくなっているものは避け、透き通っていて赤味がきれいなものを選ぶとよい。春と秋に漁期がある。

↓27ページ

こごみ

4月

茎が太めで先端の巻きがしっかりしているものがよい。ゼンマイやわらびよりもアクが少ないので食べやすい。

↓27ページ

第十三候

玄鳥至《つばめきたる》

南の国から、夏鳥の燕《つばめ》が飛来します。燕の訪れは、農耕シーズン開始の象徴。新じゃがいもと栄螺で、贅沢に旬を祝いましょう。大蒜《にんにく》風味のソースは、海の幸にも山の幸にもよく合います。

栄螺《さざえ》と新じゃがのアーリオオーリオ

【材料】

	サザエ(一口大)	4 個
	新じゃがいも(一口大)	2 個
	海藻	適量
A	オリーブ油	大さじ 1.5
A	ニンニク(みじん切り)	1 片
A	唐辛子(種抜き)	1 本
	バター	10g
	白ワイン	30ml
	塩・コショウ	少々
	レモン	適量
	〈飾り〉パセリ(みじん切り)	適量

【作り方】 調理時間 20 分

1 鍋に新じゃがいもがかぶる程度に水を入れ、ゆでる。サザエは塩をまぶし、汚れを落としながら水で洗い流す。

2 フライパンに、A を入れ、弱火でじっくり熱し、香りを移す。

3 2 にサザエと白ワインを加えて蓋をして、3 分程蒸し煮する。

4 3 に 1 の新じゃがいもとバターを加えて炒め、塩・コショウで調味する。

5 器に海藻をしき、4 を油と一緒に盛りつけ、パセリを散らし、レモンをしぼる。

おぼえ書き　アーリオオーリオは、ニンニクを焦がさないように弱火でじっくり熱してソースを乳化させるのがポイントです。

第十四候

鴻鴈《こうがん》北《かえる》

雁が北国へ去っていきます。季節の訪れを告げる雁は、日本の暮らしや文学の中で長く親しまれてきました。そして、昔から日本人がこの時期に待ちかねたのは、なんといっても初鰹。韮、卵黄とあわせた韓国風丼でいただきます。

4月9日〜4月13日頃

初鰹のコリアン丼

【材料】

カツオ（刺身用）		150g
ニラ		½束
卵黄		2 個分
ご飯		2 膳
A	しょうゆ／コチュジャン／酢	各大さじ 1
	みりん／砂糖	各大さじ ½
	ニンニク／生姜（おろし）	各小さじ ½
	ごま油	小さじ 2
刻み海苔／白ごま		適量
〈飾り〉糸唐辛子		適量

【作り方】 調理時間 15 分

1. ニラは 30 秒程ゆで、水にさらし 5cm幅に切っておく。カツオは、食べやすい大きさに切る。
2. ボウルに A を混ぜ合わせ、1 を加えて、手でよくもみ込む。
3. 丼にご飯を盛り、2 をのせ、卵黄、刻み海苔、白ごま、糸唐辛子を盛りつける。

おぼえ書き　鮮度が落ちやすいカツオは、漬けにすることで独特の臭みが消え、食べやすくなります。

第十五候

虹始見《にじはじめてあらわる》

春が深くなるとともに、だんだん空気も潤ってきます。雨上がりにきれいな虹が見られるのもこの頃からだとか。虹のようにくるりと巻いたこごみの若草色と、桜海老のピンク色が美しい春色のグラタンです。

桜海老とこごみの豆腐ソースグラタン

4月14日〜4月19日頃

【材料】

こごみ(5㎝)	50g
レンコン(乱切り)	100g
玉ねぎ(スライス)	½個
エリンギ(乱切り)	1本
桜エビ	大さじ1
加熱用チーズ	適量
サラダ油	適量
ソース　豆腐	1丁
ソース　A　だし	大さじ1
ソース　A　しょうゆ／マヨネーズ	各大さじ1
ソース　A　白味噌	大さじ2

【作り方】 調理時間20分

1. 耐熱ボウルに豆腐を入れ、ラップをせずに電子レンジで数回に分けて5〜10分程加熱し、水分を飛ばす。Aを加えて木べらなどでよく混ぜ合わせる。
2. こごみとレンコンは下ゆでしておく。
3. フライパンにサラダ油を熱し、2、玉ねぎ、エリンギ、桜エビを加えて炒め、グラタン皿に盛りつける。
4. 3に1とチーズをのせて、トースターで10分程焼き目がつくまで焼く。
※オーブンの場合は180℃で5〜8分。

おぼえ書き
こごみは、たっぷりの湯に塩を入れてゆでます。
レンコンは酢水につけてアクを抜き、水からゆでます。

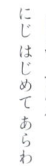

穀雨《こくう》

四月二十日～五月四日頃

地上の穀物に実りをもたらす雨が降り注ぐ、という意味です。必ずしもこの時期に雨が多い、ということはありませんが、しっとりとした春の雨がやや長引けば、菜種梅雨《なたねづゆ》などとよばれることもあります。

クレソン

葉にハリがあり、茎がまっすぐなものがよい。香りが強いものは鮮度が高い。食べる直前に冷水に浸けると鮮度が戻る。

↓31ページ

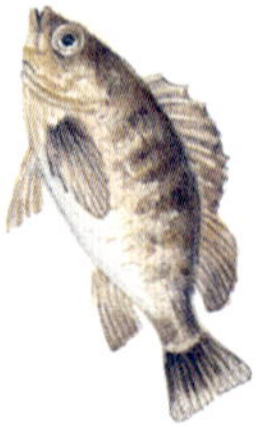

眼張／めばる

3月～4月

18～20㎝くらいの大きさで、体全体の赤味がきれいなものを選ぶとよい。目が濁っていたりくぼんでいるものは避ける。

筍／たけのこ

2月～5月

皮の部分がしっとりしていて切り口が白くみずみずしいものがよい。時間がたつとアクがでるので早めに下処理をする。

↓29ページ

若布／わかめ

3月～4月

国産では三陸や鳴門でとれるものが質がよいといわれる。生わかめは葉に厚みがあり、緑色が濃いものを選ぶとよい。

↓29ページ

玉筋魚／いかなご

3月～5月

ハリがあり、銀色に輝いているものを選ぶとよい。稚魚は「小女子（こうなご）」とよばれる。

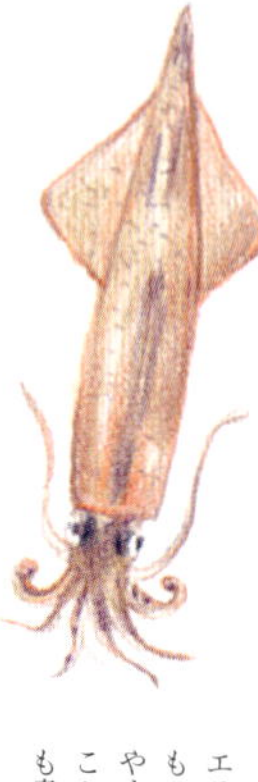

槍烏賊／やりいか

3月～4月、10月

体は透明か薄い茶色で、目は黒目と白目がはっきりしているものがよい。皮が傷ついていたり破けているものは避ける。

↓30ページ

たらの芽

4月

芽の部分が開ききっておらず、きれいな緑色をしているものを選ぶ。芽が伸びすぎるとえぐみが強くなる。

鮎魚女／あいなめ

4月～6月

エラが赤味を帯びているものがよい。鮮度が落ちやすいので活〆にされることが多い。「鮎並」とも書く。

蕗／ふき

3月～5月

茎はまっすぐで中に空洞がないものを選ぶとよい。茎を砂糖漬けした「アンゼリカ」はお菓子の材料に使われる。

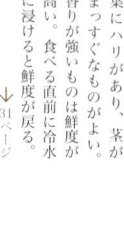

第十六候

葭始生《あしはじめてしょうず》

山野が緑に輝く季節の始まり。枯れ色に見えていた水辺でも、葭の若芽が芽吹いています。食材の世界で春の芽吹きといえば、筍が代表選手。旬の時期に水煮されたものを手に入れれば、手軽に季節の味を愉しめます。

筍と若布《わかめ》の胡麻味噌和え

4月20日〜4月24日頃

【材料】

	たけのこ（水煮スライス）	200g
	わかめ（生もしくは、戻した状態）	100g
	鶏ささみ	100g
	酒（ささみの下ゆで用）	大さじ 1
A	ゴマ豆腐（1 パック）	120g
A	白味噌	大さじ 1.5
A	しょうゆ	小さじ ½
A	白ごま	小さじ 1

【作り方】 調理時間 15 分

1 ボウルに A を混ぜ合わせておく。

2 鍋に鶏ささみがかぶる程度の水と下ゆで用の酒を入れ、沸騰させないように弱火でゆでる。ゆでたささみは裂いて、冷ましておく。

3 わかめは食べやすい大きさに切る。

4 1 のボウルにたけのこ、2 と 3 を入れ、和える。

おぼえ書き　白味噌がない場合は、大さじ 1.5 の味噌に小さじ 2 の砂糖を入れて代用もできます。

第十七候

霜止出苗《しもやんでなえいずる》

霜も降りなくなり、苗代《なわしろ》では稲が順調に育っています。農家は田植えの準備で忙しい時期。春から初夏へと向かう、この爽快な季節には、旬の槍烏賊に香草でアクセントをつけた、エスニックなサラダがよく合います。

4月25日〜4月29日頃

槍烏賊《やりいか》のタイ風春雨サラダ

【材料】

	ヤリイカ	150g
	エビ	6尾
	赤玉ねぎ（スライス）	½個
	春雨	100g
	きくらげ	適量
	香草	適量
A	スイートチリソース	大さじ1
A	レモン汁	大さじ1
A	ナンプラー	大さじ4
A	唐辛子	小さじ2
A	ニンニク（すりおろし）	小さじ1

【作り方】調理時間20分

1 ヤリイカとエビは塩を加えた湯でゆで、冷水にさらし、水気を切ったら食べやすい大きさに切る。

2 春雨ときくらげは、水で戻して水気を切っておく。

3 香草は葉をちぎり、茎をみじん切りにする。

4 ボウルにAを混ぜ合わせる。

5 4にすべての材料を入れ、混ぜ合わせる。

おぼえ書き　エビ以外にも貝類など、お好みの魚介類を合わせてもよいです。辛さは、唐辛子の量を変えて調節してください。

第十八候

牡丹《ぼたん》華《はなさく》

百花繚乱の春たけなわ。王者の花・牡丹の開花も見られます。華やかに咲き誇る牡丹をイメージさせるローストビーフには、牛肉と相性のよいクレソンを合わせて。クレソンの独特の香りと辛みを愉しむサンドイッチ。

4月30日〜5月4日頃

クレソンとローストビーフのサンドイッチ

【材料】

牛肉ブロック		300 〜 400g
クレソン		6 束
赤玉ねぎ（スライス）		½個
レタス		適量
パン		適量
A	塩麹	大さじ 2
	コショウ	大さじ 1
B	ニンニク（すりおろし）	1 片
	赤ワイン	100ml
	水	50ml
マスタード（お好みで）		適量

【作り方】 調理時間 15 分

1 牛肉に A をよくもみ込み、冷蔵庫で一晩置く。

2 焼く 1 時間程前に冷蔵庫から出し、常温に戻す。熱したフライパンで、焦がさないように全体に焼き目をつける。

3 2 に B を入れて沸騰させ、5 分程、転がしながら煮る。火を止めて蓋をして 30 分程そのまま置き、耐熱性保存袋に汁ごと入れる。余熱が取れたら冷蔵庫で冷やす。

4 3 を薄く切り、パンにクレソン、赤玉ねぎ、レタスを挟み、お好みでマスタードを添える。

おぼえ書き　牛肉は、リブロースやサーロインなどがおすすめです。塩麹は焦げやすいので、焼く前にふき取ってください。

初夏のおたのしみ

梅

5月の下旬から6月にかけて、店頭には収穫したての青梅が並びます。漬けておくだけの梅酒と梅シロップは、夏に作って常備しておけば、季節を問わず愉しめます。暑くなる時期にはソーダ割りや水割りで、スッキリいただきましょう。また、梅ジャムはこの時期限定の、爽やかな味わいです。シャーベットにしたり、パンに塗るなど、愉しみ方もいろいろです。

梅シロップ

【材料】

青梅（紅青梅）……………1kg
氷砂糖……………1kg

【作り方】

1 梅を水で洗い、水気をふき取り、竹串でまんべんなく穴を開ける。ビニール袋に入れて2日程冷凍庫で凍らす。
※凍らすと早く漬かる。

2 瓶に青梅と氷砂糖を交互に入れ、最後に氷砂糖で表面を覆う。

3 冷暗所に置き、まんべんなく砂糖がまわるように毎日瓶を回転させる。
※梅が沈み、シロップが覆いかぶさるようになるまで続ける。

【出来上がり目安】1週間後から

梅ジャム

【材料】

梅……………500g
※青梅の場合は、分量の半分の水が必要
氷砂糖……………350g

【作り方】

1 梅を水で洗い、たっぷりのお湯でゆでる。皮がひび割れてやわらかくなったら、水気を切り裏ごし（または細かく切る）して、種を捨てる。

2 鍋に1を入れ、弱火にかけて、1/3ずつ砂糖を入れて焦げないように混ぜる。

3 アクを取り、とろみが出てきたら火を止めて、熱いうちに容器に入れる。粗熱が取れたら冷蔵庫で保存する。

【出来上がり目安】当日から

梅酒

【材料】

青梅（紅青梅）……………1kg
氷砂糖……………500g
焼酎（ホワイトリカー）35度以上……1.8L
※ブランデーを使用するとコクのある仕上がりになる。

【作り方】

1 梅を水で洗い、水気を拭き取る。

2 瓶に青梅と氷砂糖を交互に入れ、最後に焼酎を注ぐ。

3 2を冷暗所に置く。
※長く漬けるほどに味が深まる。

【出来上がり目安】2〜3ヶ月後から

○梅の下処理の方法

1 梅をザルにあけ、傷んでいるものは取り除く。

2 水を張ったボウルに梅を入れ、竹串を使ってなり口（ヘタの部分）を取る。
※なり口付近が白くてフワフワしているものはカビているので、必ず捨てる。

夏

立夏《りっか》

五月五日〜二十日頃

夏の始まりの時期で、春分と夏至の中間にあたります。夏の始まりといいましたが、このあと梅雨を経なければ、本格的な夏には至りません。ゴールデンウィークの終盤にもあたり、世の中は新緑を愛《め》でる行楽シーズンたけなわといったところでしょうか。

石持／いしもち

4月〜6月

聴覚や平衡感覚を司る器官「耳石（じせき）」が大きいことが名前の由来。「グチ」ともよばれ、かまぼこの材料にもなる。

↓35ページ

莢豌豆／さやえんどう

4月〜6月

さやの先端にあるひげが白くピンとしていて、豆があまり成長していないものを選ぶとよい。小さなものは「絹さや」ともよばれる。

↓35ページ

アスパラガス

5月〜6月

鮮やかな緑色で切り口がみずみずしいもの、穂先が締まっているものがよい。茎が太いほうがやわらかく甘みがある。

↓36ページ

黍魚子／きびなご

4月〜5月

目が澄んでいて体が銀色に輝いており、エラが赤味を帯びているものがよい。おなかが赤くなっているものは避ける。

真鯵／まあじ

5月〜7月、9月

頭から背中にかけて丸みがあるものを選び、エラが黒ずんでいるものは避ける。中型のものが味がよいとされる。

アーティチョーク

丸みがあり、持った時にずっしりと重みがあるもの、がくの部分が肉厚でしっかり閉じているものがよい。

ルッコラ

葉にギザギザが少なく根元から出ているものがよい。緑色が濃いものはやや苦みが強い。ゴマのような風味と多少の辛みが特長。

↓37ページ

第十九候

蛙始鳴《かわずはじめてなく》

冬眠から醒《さ》めてもまだ眠そうだった蛙がようやく鳴き始めます。夏に向けて生命が活発化しているのです。自然界の元気をいただくべく、魚を一尾丸ごと使う料理に挑戦してみましょう。歯切れのよい莢豌豆もご一緒に。

5月5日〜5月9日頃

石持《いしもち》と莢豌豆《さやえんどう》の薫風《くんぷう》グリル

【材料】

イシモチ		1尾
さやえんどう		10枚
A	白ワイン	100ml
	ローズマリー、タイム	適量
レモン(輪切り)		適量
オリーブ油		適量
岩塩		少々

【作り方】調理時間25分

1 フライパンの上にクッキングシートをのせ、オリーブ油を入れて熱する。

2 1にイシモチを入れて、岩塩をふり、焼き目がつくまで片面を焼く。

3 一度火を止め、裏返す。Aを入れてクッキングシートの口を閉じ、蓋をして中火で火が通るまで蒸し焼きにする(約10〜15分)。

4 3にさやえんどうを加え、少量のオリーブ油をまわしかけ、3分程熱する。クッキングシートごと皿に移しレモンを飾る。

おぼえ書き　イシモチの大きさにより加熱時間を調節しましょう。汁気がなくなった場合は、水を少量加えます。箸がスッと通ったら火が通った状態です。

第二十候

蚯蚓《みみず》出《いずる》

冬眠していたミミズが地上に出てくる時期。やがて訪れる梅雨の到来も予感させます。栄養豊富なアスパラガスをふんだんに使った一品は、春から夏への身体の切り替えに必要なエネルギーを与えてくれることでしょう。

5月10日〜5月14日頃

アスパラガスのソテー　さっぱりソース

【材料】

	アスパラガス	6本
	しめじ、エリンギ	各50g
	オリーブ油	大さじ1
	バター	10g
A	オリーブ油	大さじ2
A	白ワイン酢	大さじ1
A	マスタード	3g
A	レモン汁	小さじ1
A	ニンニク（すりおろし）	少々
A	タイム	適量

【作り方】 調理時間20分

1. Aは混ぜ合わせておく。
2. フライパンにオリーブ油を熱し、焼き目がつくまでアスパラガスを焼く。
3. しめじとエリンギは、バターでソテーする。
4. 器に2をしき、3を散らし、最後に1をまわしかける。

おぼえ書き　アスパラガスは、根元の固い部分は折り、根元3分の1程（硬い部分の皮）はピーラーなどでむいて、はかまを取ります。

第二十一候

竹笋生《たけのこしょうず》

筍の収穫は三月頃から始まり、種類によっては六月まで続きます。ゴールデンウイーク明けのこの時期は、緑の野菜もおいしいとき。香りや苦みをもつ個性あふれる西洋野菜を、マスタードドレッシングでいただきましょう。

ルッコラとブルーチーズの新緑サラダ

5月15日〜5月20日頃

【材料】

	ルッコラ（4cm）	1束
	トレビス（2cm）	¼個
	チコリー（2cm）	1個
	ブルーチーズ	適量
	クルミ	適量
A	マスタード	小さじ1
	白ワイン酢	大さじ2
	オリーブ油	大さじ3
	塩・コショウ	少々

【作り方】 調理時間10分

1 大きめのボウルにルッコラ、トレビス、チコリーを入れる。

2 Aは混ぜ合わせておく。

3 1のボウルに2を入れ、全体をなじませる。

4 器に3を盛りつけ、ブルーチーズ、クルミを手でちぎりながら散らす。

おぼえ書き　トレビスは、見た目が赤キャベツに似ていますが、全く別の野菜で、チコリーの仲間。独特の苦みが特徴です。

小満《しょうまん》

五月二十一日～六月四日頃

日ごとに上昇する気温に合わせ、万物の成長著しい時期です。畑の麦は大きく穂を実らせ、草木の緑はくっきりと色濃くなってきます。あらゆる生命が天地に満ち始める、という意味の言葉です。

辣韮／らっきょう

5月～6月

ふっくらとしていて、粒が揃っているものがよい。芽が伸びて緑色のものは避ける。早採りのものは「エシャロット」とよぶ。

岩魚／いわな

5月～6月

体全体にハリとツヤがあり、白い斑点模様がはっきりしているものを選ぶ。30㎝くらいのものがよい。

きす

5月～7月

身が締まっているものを選ぶとよい。体表に光沢がなく、白っぽいものは鮮度が落ちているので避ける。

メロン

5月～6月

網目が均一で実とつるの間隔が狭いものがよい。つるが乾燥して細くなり、底の部分がやわらかくなると食べ頃。

↓39・58ページ

黒鯛／くろだい

5月、7月

成長とともに呼び名が変わる出世魚で、西日本では「チヌ」ともよぶ。切り身は血合いがきれいな赤味のものを選ぶとよい。

↓40ページ

莢隠元／さやいんげん

6月～8月

両端までハリがあり、しおれていないもの。まっすぐで中の豆があまり盛り上がっていないものを選ぶとよい。

↓40ページ

蝦蛄／しゃこ

4月～7月

生きているものは殻に透明感があるものを選ぶ。ゆでてあるものは身に弾力があり、水が出ていないものを選ぶとよい。

じゅんさい

5月～6月

若芽は1㎝程の大きさで、巻きがしっかりしているものが味がよいとされる。ぬめりが多いものを選ぶとよい。

↓41ページ

さくらんぼ

6月～7月

皮にツヤとハリがあり、軸の部分が緑色のものを選ぶとよい。冷やすと甘みが増すが、冷やしすぎると甘みが減るので注意。

第二十二候

蚕起食桑《かいこおきてくわをはむ》

蚕蛾《かいこが》がやわらかい桑の葉をさかんに食べて成長しています。梅雨入り前の晴天が貴重なものに思える時期。甘みのあるメロンと塩気のある生ハムに、煮詰めた甘いバルサミコ酢をかけた前菜。爽やかな初夏の晩餐にどうぞ。

プロシュートとメロンの前菜

【材料】

メロン(赤肉系/スライス)	¼個
プロシュート(生ハム)	2〜4 枚
バゲット(トースト)	適量
バルサミコ酢	大さじ 4〜5
はちみつ	適量

【作り方】 調理時間 10 分

1 バルサミコ酢を分量が半量くらいになるまで煮詰める。

2 バゲットは、1.5cm幅に斜めに切り、トースターで約2〜3分焼いてカリカリにする。

3 メロンとプロシュートをバゲットの上にのせ、1とはちみつをかける。

おぼえ書き　グレーズタイプ(すでに煮詰めたもの)のバルサミコ酢がある場合は、分量を大さじ1にしてください。

第二十三候

紅花《べにはな》栄《さく》

一面の紅花畑は夏の風物詩ですが、ちょうど今頃、橙色の花をつけ始め、徐々に花の色は濃い紅に変わります。夏の海釣りで人気の黒鯛をグリルし、紅花畑をイメージさせる莢隠元とトマトをあしらっていただきます。

5月26日～5月30日頃

黒鯛のグリル　初夏のオリーブソース

【材料】

	クロダイ(切り身)	200g
	さやいんげん	100g
A	だし	大さじ1
A	白ワイン	50ml
B	プチトマト(半分)	200g
B	オリーブ(スライス)	100g
B	ケイパー(粗みじん切り)	大さじ1
B	オリーブ油	大さじ2
B	レモン汁	大さじ1
	オリーブ油	大さじ1
	塩・コショウ	少々
	〈飾り〉チャービル	適量

【作り方】調理時間20分

1 フライパンにオリーブ油を入れて熱し、クロダイを皮目から焼く。焼き目がついたら裏返し、Aを加えて蓋をし、火が通ったら取り出す。

2 1のフライパンにBを入れ、軽く炒めて塩・コショウで調味する。

3 器にゆでたさやいんげん、1のクロダイを盛りつけ、2をかける。最後にチャービルを飾る。

おぼえ書き　カラフルなプチトマトを使うといっそう華やかになります。

第二十四候

麦《むぎの》秋《とき》至《いたる》

麦は初夏に実ります。黄金色の穂に満たされた麦畑は、まさに「秋」色。梅雨入りも迫った束の間の乾燥期に、喉ごしもなめらかなじゅんさいや長芋を、冷やした蕎麦とともにいただきましょう。なかなかおつな一品です。

じゅんさい蕎麦　温玉のせ

5月31日〜6月4日頃

【材料】

じゅんさい	大さじ2
長芋(すりおろし)	80g
温泉卵(または半熟卵)	2個
蕎麦	2人前
めんつゆ	適量
白ごま	適量
刻み海苔／わさび(お好みで)	適量

【作り方】 調理時間15分

1 じゅんさいは熱湯で3秒程軽く湯通しし、色が変わったら氷水にとり、冷やす。

2 蕎麦はゆでて冷水でしめ、水気を切る。

3 器に2を入れ、1、長芋、温泉卵、白ごまの順に盛りつける。

4 最後にめんつゆをかける(お好みで刻み海苔やわさびを添える)。

おぼえ書き　生のじゅんさいは、ゆですぎると風味とぬめりが取れてしまうので、軽く湯通しして使います。

芒種《ぼうしゅ》

六月五日〜二十日頃

「芒《のぎ》」とは、イネ科植物の穂の先で、針のようにとがっている部分のこと。穀物の種まきや麦の刈入れ、稲の植えつけに適した時期とされました。一方で、そろそろ梅雨入りの報も聞かれる頃。雨空を見上げる日も増えてきます。

茗荷／みょうが

6月〜7月、9月

ふっくらと丸みがあり、ほんのり赤味を帯びているものがよい。さわった時にフワフワしているものは風味が劣る。

↓43ページ

真魚鰹／まながつお

5月〜6月

名前に「かつお」とついているが、種類としてはスズキ目でイボダイの仲間。関西では高級魚として人気が高い。

伊佐木／いさき

5月〜7月

身と皮の間にある脂の層が旨みのもと。新鮮なものでも目が濁っている場合があるので、身が締まっているかを確認する。

↓44ページ

枇杷／びわ

6月

ヘタの部分が実にしっかり付いていて、全体がうぶ毛におおわれているものがよい。冷やしすぎると傷みやすくなる。

海鞘／ほや

6月

殻つきのものは角のような突起が多く、赤味が濃いものがよい。「ホヤ貝」ともいわれるが貝の仲間ではない。

縞鯵／しまあじ

6月〜7月

アジの仲間では大型で、1m以上になるものもいるが、60㎝前後のものが味がよい。アラは汁物にしてもよいだしがでる。

梅／うめ

6月

表面に傷がなく、粒が揃っているものがよい。冷蔵すると鮮度が落ちやすくなるので、早めに下処理・調理すること。

↓32ページ

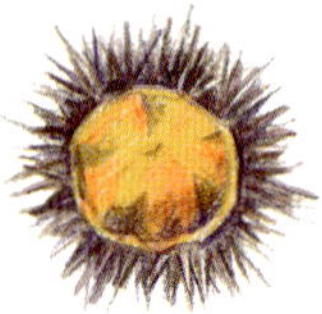

海胆／うに

6月〜8月

木箱入りはふっくらとしていて色味のよいものを選ぶとよい。身を取り出して塩水に浸したものは生に近い味が愉しめる。

↓45ページ

第二十五候

蟷螂生《かまきりしょうず》

前年の秋に草の茎や人家の外壁などに生みつけられた卵から、蟷螂の幼虫が孵化します。徐々に気温も上がり、蒸し暑さが気になるこの時期、梅酢に漬けた茗荷とトマトのさっぱりした味わいが嬉しいものです。

茗《みょう》荷《が》とプチトマトの梅酢漬け

【材料】

	みょうが	4本
	プチトマト	8個
A	梅シロップ（作り方は p.32）	大さじ3
A	酢	大さじ4
A	水	¼カップ

【作り方】 調理時間10分

1 Aは混ぜ合わせておく。

2 みょうがは半分に切りザルに入れ、熱湯をかける。プチトマトは湯むきしておく。

3 保存用袋に1と2を入れ、冷蔵庫で2時間以上漬けて冷やす。

6月5日〜6月9日頃

おぼえ書き　梅シロップがない場合は、酢と砂糖を2：1の割合で合わせ、甘酢にして代用ができます。

第二十六候

腐草為蛍《くされたるくさほたるとなる》

じっとりと湿度の高い季節の到来。野原では、蒸れて腐りかけた草の下、蛍が青白い光を放ち始めます。旬の伊佐木を一尾丸ごと、トマトやオリーブ、魚介と一緒に煮込むイタリア料理、アクアパッツァでいただきます。

6月10日〜6月15日頃

伊佐木《いさき》のアクアパッツァ

【材料】

	イサキ	1尾
A	アサリ(砂抜き)	8〜10個
A	プチトマト(半分)	6個
A	白ワイン/水	各1カップ
A	ローズマリー/タイムなど	適量
B	ブラックオリーブ	8個
B	アンチョビ(みじん切り)	1枚
B	ケイパー	小さじ1
	ニンニク(つぶす)	1片
	オリーブ油	適量
	塩・コショウ	少々
	〈飾り〉イタリアンパセリ(みじん切り)	適量

【作り方】 調理時間20分

1 Bは混ぜ合わせておく。

2 フライパンにオリーブ油、ニンニクを入れ、火にかけて香りを移す。イサキを入れて、焼き目がつくまで強火で両面焼く。

3 2にAを加えて蓋をし、中火にして、イサキに火を通す。

4 3にBを加えて煮込み、貝の口が開いたら、オリーブ油をまわしかける。塩・コショウで調味し、イタリアンパセリを散らす。

おぼえ書き　ハーブはすべて揃わなくても、乾燥のハーブミックスなどで代用が可能です。

第二十七候

梅子黄《うめのみきばむ》

梅雨入りとほぼ時期を同じくして、梅の実が薄黄色に色づき始めます。収穫した梅は、梅干しや梅酒などの保存食に。この頃はちょうど海胆も旬。たっぷりの海胆と生クリームで、濃厚な味わいの贅沢な一皿にしましょう。

生海胆《うに》のクリームソースパスタ

6月16日〜6月20日頃

【材料】

ウニ（飾り分で数枚残す）	180g
玉ねぎ（みじん切り）	½個
ニンニク（みじん切り）	1片
パスタ（リングイーネ）	200g
オリーブ油	大さじ1
バター	15g
A 生クリーム	200ml
A コンソメ（固形）	1個
コショウ（粗挽き）	適量
〈飾り〉チャービル	適量

【作り方】 調理時間20分

1 パスタは、固めにゆでる。

2 フライパンにオリーブ油、ニンニクを入れ、火にかけて香りを移し、玉ねぎを加えて炒める。

3 2にAを加え、ひと煮立ちしたらウニを加え、つぶすように混ぜる。

4 火を止めて3に1とバターを加えて混ぜ合わせ、コショウで調味し、器に盛りつける。最後にウニとチャービルを飾る。

おぼえ書き　クリーム系のソースには、太めのパスタを選ぶとよくからみ、おすすめです。生パスタなら、さらにもちもちした食感も愉しめます。

夏至《げし》

六月二十一日〜七月六日頃

冬至とは逆に、一年でいちばん昼が長く、夜が短くなる時期。梅雨の盛りでもありますので、気温の面ではまだ真夏という感じはしませんが、日照時間はこれから冬に向かって少しずつ短くなっていくのです。

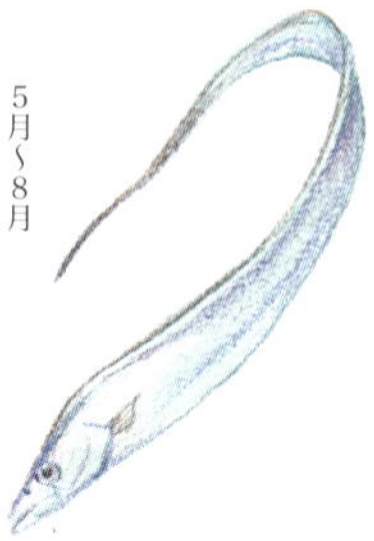

太刀魚／たちうお

5月〜8月

皮が銀色に光っていて傷のないものを選ぶとよい。うろこがなく、刺身も焼き物も皮ごと食べるとおいしい。

↓47ページ

杏／あんず

6月〜7月

色ムラのない美しいオレンジ色で、いい香りがするものがよい。酸味があるものはジャムなどにするとおいしく食べられる。

↓47・58ページ

蚕豆／そらまめ

5月〜6月

さやの外から見て豆の大きさが揃っているものがよい。さやから出すと鮮度が急速に落ちるので、ゆでる直前に取り出す。

↓47ページ

鮎／あゆ

6月〜7月

天然ものは水苔を食べるので、香りがよく「香魚」ともよばれる。おなかにハリがあり背中が黄色味を帯びているものがよい。

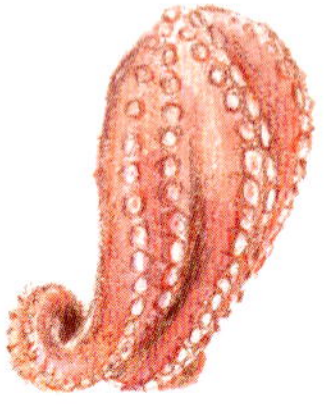

蛸／たこ

1月〜2月、6月

生は皮が茶色で刺激を与えると色が変わるもの、ゆでたものはあずき色で足先までくるりと巻いているものを選ぶとよい。

↓49ページ

マンゴー

5月〜6月

表面が滑らかでハリがあるものがよい。冷やしすぎると味が落ちるので、食べきれない場合は皮をむいて冷凍する。

↓48ページ

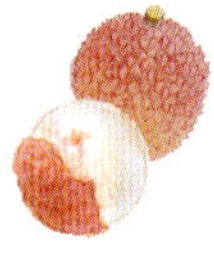

荔枝／ライチー

6月〜7月

大半が輸入品だが、沖縄や鹿児島でも栽培されている。皮が茶色いものは避け、きれいな赤味のものを選ぶとよい。

紫蘇／しそ

6月〜7月

香りが強く、茎の切り口から葉先までみずみずしいものがよい。大きな葉は香りも風味も落ちるので避ける。

↓49ページ

第二十八候

乃東枯《なつかれくさかるる》

夏枯草は、真冬に芽を出し、夏至の頃に枯れるめずらしい植物。これを見た古人は、自然への愛情あふれる七十二候名をつけました。私たちもこの一皿の中に、自然の恵みと旬の滋味をじっくりと味わいたいものです。

太刀魚《たちうお》と蚕豆《そらまめ》の塩焼き　杏添え

【材料】

タチウオ
(三枚おろし／長さ 15㎝・幅 5㎝) ……200g
長ネギ(5㎝) ……1 本
そら豆 ……3 本
杏のシロップ漬け(作り方は p.58) ……4 個分
岩塩 ……少々

【作り方】 調理時間 30 分

1 タチウオは、軽く岩塩をふり、15 分程置き、サッと洗って水気を取る。そら豆は、さやから出しておく。

2 長ネギとタチウオは同じ長さに切る。タチウオの内側にネギを入れて巻く。

3 魚焼きグリル(またはフライパン)で 2 とそら豆を両面焼く。

4 器に 3、杏のシロップ漬けを盛りつける。

おぼえ書き　タチウオは、骨が多いので切り身よりも三枚におろされたものが食べやすい。

第二十九候

菖蒲華《あやめはなさく》

水辺では菖蒲の花が美しく咲く頃。陽射しも徐々に強くなりますので、疲労回復や美容に効果があるマンゴーを生春巻きにしていただきます。爽やかなミント、トマトと赤玉葱のソースはマンゴーの甘みと相性抜群です。

6月26日～6月30日頃

マンゴーの生春巻き　夏の鮮やかソース

【材料】

マンゴー（スライス）	½個
ミント	適量
生ハム	4枚
レタス	4枚
きゅうり（細切り）	5㎝
トマト（みじん切り）	½個
赤玉ねぎ（みじん切り）	¼個
スイートチリソース	適量
生春巻きの皮	4枚
オリーブ油	大さじ1
塩・コショウ	少々

【作り方】 調理時間30分

1 赤玉ねぎは水にさらして水気を切る。トマトは種を除き、刻む。

2 ボウルに1とオリーブ油、塩・コショウを入れてよく混ぜ合わせ、冷やす。

3 水で戻した生春巻きの皮の上にレタスときゅうりを置き、10㎝程巻き込み、ミント、マンゴー、生ハムの順にのせて巻いていく。

4 2のソースをしいた皿に3をのせ、スイートチリソースを添える。

おぼえ書き　生春巻きの皮はすぐに戻るので、少し固いくらいで取り出し、1個ずつ作るのがコツ。戻し過ぎると皮が簡単に切れてしまいます。

第三十候

半夏生《はんげしょうず》

夏至から数えて十一日目を半夏生といいます。関西の一部では半夏生に蛸を食べる風習もあるそうで、蛸は夏が旬といわれるのも納得がゆきます。酢のクエン酸が蛸に含まれるタウリンの吸収を高め、滋養に効く一皿です。

7月1日〜7月6日頃

蛸の紫蘇マリネ

【材料】

	タコ（ボイル）	150g
	海藻	適量
A	しそ（みじん切り）	1束
A	穂紫蘇（なくてもよい）	2〜3本
A	オリーブ油	大さじ3
A	酢	大さじ2
A	レモン汁	大さじ1
	〈飾り〉しそ／穂紫蘇	適量

【作り方】 調理時間15分

1 Aは混ぜ合わせておく。

2 タコは3㎜幅の削ぎ切りにする。

3 皿に海藻、2を盛りつけ、1をまわしかける。

おぼえ書き　夏は、胃の消化機能が低下します。食欲がない時には、レモンや酢の量を調節して酸味を利かせ、暑い夏を乗り切りましょう。

小暑《しょうしょ》

七月七日～二十一日頃

すでに日は短くなり始める一方で、暑さはこれからが本番です。小暑と次の大暑の間を暑気とよび、暑中見舞いを出すのもこの期間です。

獅子唐辛子／ししとうがらし

6月～8月

「ししとう」とよばれることが多い。濃い緑色で皮にツヤがあるものを選ぶとよい。小ぶりなほうが風味がよい。

↓51ページ

鱧／はも

7月～8月

小骨が多いので細かく包丁を入れる「骨切り」をしてから調理する。旬を迎えたはもは、メスのほうが味がよいとされる。

李／すもも

6月～8月

香りがよく、全体にブルームとよばれる白い粉がついているものがよい。酸味が苦手な場合は皮をむいて食べる。

大蒜／にんにく

7月

根のように見えるが、玉ねぎ同様に茎の部分が肥大したもの。皮が白く実がずっしりと詰まっているものがよい。

↓52ページ

鮑／あわび

7月～8月

口がしっかり閉じていて肉厚のものがよい。新鮮なものはよく動く。殻に穴が6つ以上あるものはトコブシ。

鱸／すずき

6月～8月

出世魚で、地方によってさまざまな呼び名がある。エラの赤味がきれいで目の周りが黒々としているものを選ぶとよい。

レタス

7月～8月

葉は明るい緑色、芯の切り口が白くみずみずしいものがよい。同じ大きさであれば軽いものを選ぶとよい。

↓53ページ

ズッキーニ

きゅうりのようだが、かぼちゃの仲間。太さが均一でヘタの切り口がきれいなものがよい。太くて大きいものは育ちすぎ。

↓53ページ

虎魚／おこぜ

7月～8月

体の模様がはっきりしているものがよい。背びれの鋭いトゲには毒があるので、さばく時には注意が必要。

第三十一候

温風《あつかぜ》至《いたる》

梅雨空の雲間から注ぐ陽射しは日に日に強く、吹く風も熱を帯びてきます。本格的な夏の到来の予感。畑では獅子唐辛子がたわわに実をつけ始めます。ちりめん山椒をからめ、ピリリとした辛みもある大人のパスタです。

7月7日〜7月11日頃

獅子唐辛子とちりめん山椒のパスタ

【材料】

ししとうがらし		10〜12本
オリーブ油		大さじ1
パスタ(ペンネ)		200g
A	ちりめん山椒	大さじ2
	しょうゆ、みりん、酒	各大さじ½
	だし	½カップ

【作り方】調理時間15分

1. Aは合わせておく。ししとうがらしは、大きいものは半分に切っておく。
2. パスタは固めにゆでる。
3. フライパンにオリーブ油を熱し、ししとうがらしを炒める。
4. 3がしんなりしてきたら、A、大さじ2のゆで汁、2を加える。
5. 煮汁がなくなるまで煮詰めたら、器に盛りつける。

おぼえ書き　ししとうがらしは、ビタミンCが豊富に含まれ、免疫機能を高めたり、疲労を回復させる効果があります。

第三十二候

蓮《はす》始《はじめて》開《ひらく》

水面から伸びた茎の先に咲く可憐な蓮の花々はまさに極楽浄土の風情ですが、午後にはしぼむので、涼気の残る朝のうちにぜひ見たいもの。暑さもいよいよ本番。鶏肉と相性抜群の大蒜とトマトのソースでスタミナ補給を。

7月12日〜7月16日頃

大蒜《にんにく》トマトソースのチキンソテー

【材料】

ニンニク（スライス）		1片
鶏もも肉（筋切りする）		2枚
A	にんにく（みじん切り）	3片
	玉ねぎ（みじん切り）	½個
B	トマト水煮	1缶
	コンソメ	1個
C	サフラン	5本
	ターメリック	少々
米		1.5合
オリーブ油		大さじ2
砂糖		少々
塩・コショウ		適量

【作り方】 調理時間30分

1 米を研いで、分量の水にCを入れ10分程置き、水が全体的に黄色になったら、炊飯する。

2 小鍋に半量のオリーブ油とニンニクを入れ、きつね色に揚げてバットに取り出す。

3 2の小鍋にAを入れ炒め、玉ねぎが透き通ったらBを加える。半量になるまで煮詰めたら、砂糖、塩・コショウで調味する。

4 フライパンに残りのオリーブ油を入れ、鶏肉を皮目から両面焼く。

5 器に1と4を盛りつけ、3をかけ、2を飾る。

おぼえ書き　トマトソースを作る時に、ニンニクが焦げないように火加減に注意して炒めましょう。

第三十三候

鷹乃学習《たかすなわちわざをなす》

初夏に孵化《ふか》した鷹の雛は、飛び方を覚え狩りを学び、巣立ちの準備に余念がありません。成長した鷹が巣から飛び立つように、元気いっぱいの夏らしいサラダ。香ばしい風味にヨーグルトドレッシングの爽やかさを添えて。

レタスとズッキーニのサラダ　チーズ煎餅添え

7月17日〜7月21日頃

【材料】

	ズッキーニ（1㎝／輪切り）	1本
	レタス	½個
	卵（半熟）	1個
	加熱用チーズ	適量
	オリーブ油	大さじ1
A	ヨーグルト	100ml
A	アンチョビ（みじん切り）	2枚
A	オリーブ油／レモン汁	各大さじ1
A	マスタード	小さじ¼
A	ケイパー（みじん切り）	小さじ1

【作り方】 調理時間20分

1 レタスは一口大にちぎり、水気を切っておく。

2 Aは混ぜ合わせておく。

3 熱したフライパンにオリーブ油を入れ、ズッキーニを両面焼く。

4 同じフライパンにクッキングシートをしき、直径5㎝くらいの大きさのチップになるようにチーズを焼き、キッチンペーパーの上で冷ます。

5 器に1、3、4を盛りつけ、2をかける。最後に半熟卵をのせる。

おぼえ書き　ズッキーニは焼くと甘みが増します。一般的に緑色のものが多いですが、黄色や丸いものなど、さまざまな種類があります。

大暑《たいしょ》

七月二十二日～八月六日頃

文字どおり、一年でいちばん暑さが厳しく感じられる頃。鰻《うなぎ》で知られる「土用の丑《うし》」もこの期間中にありますし、「暑気払い」と称してのビヤガーデンなどでの集いも、ひときわ賑やかになる時節。

トマト

7月～8月

ヘタがきれいな緑色で、実は赤く丸みがあり、少し固めのものがよい。水に入れて沈むものは糖度が高いとされる。

↓57・58ページ

鰻／うなぎ

7月

天然ものはもちろん、養殖も高値が続いている。白焼き・蒲焼きともに身がふっくらしているものがよい。

↓55ページ

小鰭／こはだ

出世魚で体長10㎝前後のものをこはだ、それ以上大きなものは「なかずみ」「このしろ」とよび、値段も安くなる。

枝豆／えだまめ

7月～9月

枝つきのもので、密集してついているものがよい。さやにうぶ毛があり、豆の大きさが揃っているものを選ぶとよい。

↓55ページ

ピーマン

7月～8月

ヘタが六角形になっているものが苦みが少ない。また、縦切りのほうが細胞の壊れ方が少なく、青くささが抑えられる。

苦瓜／にがうり

7月～8月

沖縄では「ゴーヤ(ー)」とよぶ。独特の苦みを愉しむには、表面のいぼ状のものが細かく密集しているものがよい。

↓56ページ

胡瓜／きゅうり

7月～8月

濃い緑色で表面にあるトゲ状のものが鋭いほど新鮮。多少曲がっていても太さが均一なものを選ぶとよい。

↓57ページ

穴子／あなご

7月～8月

うなぎに似た味わいだが、あなごのほうが脂肪分が少ない。関東では煮て、関西では焼いて食べることが多い。

↓57ページ

第三十四候

桐始結花《きり はじめて はなを むすぶ》

古来、神聖な木とされてきた桐。初夏に開いた薄紫色の花は、盛夏を迎えて卵形の実を結びます。暦の上では「土用の丑」の日がこの頃。鰻をさっぱりとした梅と紫蘇を混ぜたご飯にのせて、スタミナ丼の出来上がり。

鰻と枝豆の梅紫蘇ご飯

7月22日〜7月27日頃

【材料】

ウナギ		1尾
枝豆		大さじ2
酒		適量
A	ご飯	2膳
	梅干し（梅肉）	1個
	しそ（千切り）	5枚
	白ごま	小さじ1
〈飾り〉白ごま		適量

【作り方】 調理時間15分

1 枝豆は、ゆでてサヤから豆を取り出す。ウナギは、酒を少量ふり、電子レンジで1分程温めたら、1.5㎝幅に切る。

2 ボウルにAを混ぜ合わせ、1の枝豆と半量のウナギを加えて、ざっくりと合わせる。

3 器に2を盛りつけ、残りのウナギをのせたら、白ごまを飾る。

おぼえ書き　ウナギは温めすぎるとかたくなってしまうので、1尾につき500Wで約1分、600Wで約50秒を目安に温めてください。

第三十五候

土潤《つちうるおうて》溽暑《むしあつし》

地からは陽炎《かげろう》が立ち上り、土いきれで吸う息も熱く感じられます。植物はますます緑を濃くし、夏を謳歌《おうか》するかのようです。鮮やかな緑と苦みが特徴の苦瓜にはビタミンCが多く含まれ、日焼け対策にも期待が持てます。

7月28日〜8月1日頃

苦瓜の肉詰め　香草風味

【材料】

ニガウリ……1本

A
- 牛豚合い挽き肉……200g
- ショウガ（みじん切り）……大さじ1
- ニンニク（みじん切り）……大さじ1
- 玉ねぎ（みじん切り）……½個
- 片栗粉／チリパウダー……各小さじ2
- 酒……大さじ1
- 香草（みじん切り）……2束

片栗粉、サラダ油……適量

【作り方】 調理時間20分

1. ニガウリは、塩をまぶし、板ずりしてから、半分に切る。タネとワタをスプーンなどでかき出す。内側に塩をすり込み、しばらく置いて水で洗い、水気を切る。
2. ボウルにAを入れ、手でよく混ぜ合わせ、タネを作る。
3. 1に2を詰めて、1㎝幅の輪切りにし、両面に片栗粉をまぶす。
4. フライパンに油を入れて熱し、3の片面を焼いて返したら少量の水を加え、蓋をして蒸し焼きにする。

おぼえ書き　肉詰めのタネは、餃子を作る感覚で、すべての材料をみじん切りにして、よく混ぜ合わせてください。

第三十六候

大雨時行《たいうときどきにふる》

この時期の雨といえば集中豪雨や台風、そして夕立。地面を叩く大粒の雨が思い浮かびます。夏空で暴れる大蛇《おろち》のような穴子は、脂がのった今が旬。胡瓜と一緒に夏の太巻きにし、梅酢が爽やかなトマトを添えて。

穴子と胡瓜の巻き寿司　梅トマト添え

8月2日〜8月6日頃

【材料】

	穴子（蒲焼き）	1 尾
	きゅうり（細切り）	½ 本
	トマト（湯むき）	1 個
	酢飯	2 膳
	海苔（全形）	2 枚
A	梅ジャム（作り方は p.32）	小さじ 2
A	酢	小さじ 1
B	しょうゆ／みりん	各大さじ 2
B	砂糖	大さじ 1
B	酒	小さじ 2
	酒（穴子蒸し用）	適量
	〈飾り〉白ごま	適量

【作り方】調理時間 20 分

1 穴子は、酒を少量ふり、電子レンジで30 秒程温め、冷ましておく。酢飯に白ごまを混ぜ合わせておく。

2 ボウルにAを合わせ、種を除き一口大に切ったトマトにからめて、冷蔵庫で冷やす。

3 小鍋にBを入れて、沸騰させてから弱火にし、半量くらいまで煮詰める。

4 巻きすに海苔を置き、酢飯、穴子、きゅうりをのせ、巻く。3㎝幅くらいに切り、器に並べて3のタレをかけ、白ごまを散らす。2のトマトを器に入れて添える。

おぼえ書き　きゅうりは、細切りにして穴子と巻くと、食感が愉しめます。

夏のおたのしみ

果物

夏は新鮮で栄養豊富な果物が旬を迎えます。食欲が落ちる夏でも、果物をたっぷり使ったジュースやデザートは、スッと身体にしみ込みます。酵素たっぷりの果物で、紫外線によって失われたビタミンも補給して、美肌を保ちましょう。

スイカとトマトのスムージー

【材料】

スイカ（一口大）……200g
トマト（L サイズ）……2 個
ヨーグルト……100ml
はちみつ……適量

【作り方】

1 トマト 1 個は冷凍にしておく。

2 スイカは一口大に切り、種を除く。残りのトマトはヘタを取り、一口大に切る。

3 1 と 2、ヨーグルト、はちみつ、すべての材料をミキサーに入れ、攪拌する。

杏のシロップ漬け

【材料】

あんず（生）……500g
水……500cc
砂糖……250g

【作り方】

1 あんずはきれいに洗って、半分に切る。種はスプーンなどでくり抜き、水気を切る。

2 水を沸騰させ、砂糖を入れて、シロップ液を作る。

3 煮沸消毒した瓶に 1 のあんずを皮のまま入れて、2 を注ぐ。粗熱が取れたら冷蔵庫で保存する。

グリーンフルーツシャンパン

【材料】

メロン……½ 個
キウイ……1 個
青リンゴ……1 個
テーブルグレープ……¼ 個
シャンパン／レモン……適量

【作り方】

1 皮ごと食べられるテーブルグレープを房から取り、半分に切る。クッキングシートをしいたバットの上に並べて 1 時間冷凍庫で冷やす。

2 メロン、キウイ、青リンゴは食べやすい大きさに切る。

3 1 と 2 を器に入れ、シャンパンを注ぎ、レモンを軽くしぼる。

秋

立秋《りっしゅう》

八月七日～二十二日頃

毎日の暑さからはとても想像できませんが、暦の上では、もう秋の始まりです。この日を境に、季節の挨拶も暑中見舞いから残暑見舞いに切り替わります。お盆を控え、夏休みをとる人も多い時期。暑さで参った身体に、滋養を供給したいものです。

オクラ

7月～8月

表面がうぶ毛でおおわれているものを選ぶとよい。育ちすぎて大きくなったものは、種が固く苦みが多くなる。

↓61ページ

皮剥／かわはぎ

7月～9月

ざらざらとした皮はやすりの代わりになる程固い。皮をはいであるものは、身に透明感と弾力があるものがよい。

西瓜／すいか

7月～8月

緑と黒の境目がはっきりとしていて、つるの周囲が少しへこんでいるものがよい。冷やしすぎると甘みが減る。

↓58ページ

玉蜀黍／とうもろこし

8月～9月

皮は緑色でしなびていないもの、ひげは茶色いものがよい。鮮度落ちが早いので朝収穫したらその日のうちに食べる。

↓63ページ

いなだ

8月

ぶりの若魚で体長が40～60cm程度のもの。関西では「はまち」とよぶ。切り身は血合いがきれいなものがよい。

臭橙／かぼす

8月～10月

皮にツヤがあり、濃い緑色をしていて、いい香りがするものを選ぶ。保存する場合はしぼり汁を冷凍するとよい。

冬瓜／とうがん

7月～8月

持った時に重みのあるものを選ぶ。切ってあるものは切り口が白く、種の部分まで実が詰まっているものがよい。

↓62ページ

鯒／こち

8月

体をおおうぬめりに透明感があるもの、おなかの周りが黄色味がかっているものが、脂がのっているといわれる。

第三十七候

涼風《すずかぜ》至《いたる》

立秋を過ぎてお盆を迎えると、熱風の中にふと秋の気配を感じることもありますが、まだ真夏日や熱帯夜など、厳しい残暑が続きます。夏野菜をたっぷり使い、スパイスを利かせたメキシコ風スープで、食欲の促進を。

オクラとひよこ豆のトマトチリスープ

8月7日〜8月11日頃

【材料】

	オクラ(小口切り)	8〜10本(1袋)
	トマト(乱切り)	1個
	セロリー／パプリカ／玉ねぎ(1.5㎝角)	各 80g
	鶏肉(手羽先または骨付き)	300 g
	タコミックス	大さじ 1
	ニンニク(みじん切り)	1片
A	ひよこ豆	½缶(150g)
A	コンソメ(固形)	2個
A	白ワイン	150ml
A	水	300ml
	小麦粉	適量
	オリーブ油	大さじ 2

【作り方】 調理時間 30 分

1 鶏肉は、小麦粉をまぶしておく。

2 鍋にオリーブ油、ニンニクを入れて熱し、1を入れ、タコミックスを混ぜ合わせながら炒める。

3 焼き目がついたら、玉ねぎ、セロリー、トマト、パプリカの順で炒める。

4 全体に火が通ったら、Aとオクラを加えて煮込む。

※お好みで、唐辛子やタバスコなどを加えて辛みを利かせてもよい。

おぼえ書き　タコミックスは、チリ、ガーリック、オレガノ、パプリカ、クミンなどがミックスされているので、手軽にメキシカンが愉しめます。

第三十八候

寒蟬鳴《ひぐらしなく》

カナカナカナというヒグラシの鳴き声は、どこかもの悲しく、夏の終わりを告げるかのようです。青パパイヤを使うタイ料理「ソムタム」を、手に入りやすい冬瓜でアレンジした一品。蟬が鳴く夏の夕暮れにぴったりです。

8月12日〜8月16日頃

冬瓜のスパイシーサラダ

【材料】

	冬瓜（千切り）	¼個
	人参（千切り）	½個
	インゲン（斜め切り）	4本
	プチトマト（4等分）	4個
	干しエビ／ピーナッツ	大さじ1
	香草／ライム	適量
A	ナンプラー	大さじ1.5
A	砂糖	小さじ2
A	鷹の爪（みじん切り）	1本
A	酢／レモン汁	大さじ3
	塩	少々

【作り方】調理時間20分

1 干しエビは浸るくらいの湯で戻す。

2 すり鉢にピーナッツを入れて砕き、1を加え、つぶす。さらにAを加えて混ぜ合わせておく。

3 冬瓜と人参を、塩でもみ込む。水分が出てしんなりしたら、洗って水気をしぼる。

4 3に2を加え、手でよく混ぜ合わせる。全体になじませたら、プチトマト、インゲンを加えて盛りつける。

5 香草とライムを添える。

おぼえ書き　野菜やナッツが入った、ビタミン、カルシウムなどミネラルが豊富なサラダです。

第三十九候

蒙霧《ふかききり》升降《まとう》

残暑はまだ厳しいものの、朝夕はひんやりした空気が心地よく感じられます。ゆく夏を惜しんで、旬の新鮮な玉蜀黍をたっぷりと愉しんでみませんか。炒めた香草とチリパウダー、青唐辛子を加えてスパイシーに。

玉蜀黍《とうもろこし》と香菜《シャンツァイ》のピリ辛炒め

8月17日〜8月22日頃

【材料】

とうもろこし	3本
赤玉ねぎ（1cm角）	1個
香草（粗みじん切り）	5束
青唐辛子（みじん切り）	1本
チリパウダー	小さじ2
オリーブ油	大さじ1
塩・コショウ	少々

【作り方】 調理時間15分

1 とうもろこしは皮をむき、半分に切る。断面を下にして、芯を残して身の部分だけを削ぐように切る。

2 フライパンにオリーブ油を入れ、とうもろこし、赤玉ねぎ、青唐辛子を入れて炒める。

3 赤玉ねぎが透き通ってきたら、チリパウダーを加える。最後に香草を入れて、軽く炒め、塩・コショウで調味する。

※香草はすぐに火が通るため、炒めすぎないように。

おぼえ書き　赤玉ねぎは彩りが鮮やかなだけでなく、ポリフェノールを含み、白玉ねぎより辛みが少ないのが特徴です。

処暑《しょしょ》

八月二十三日〜九月六日頃

暑さが止む、という意味の言葉です。文字どおり、暑さのピークは過ぎつつありますが、同時に台風の季節の到来です。いざというときに備えて、窓や雨戸、ドアなどの補強や、鉢植えなど風に飛ばされそうなものを固定しておきたいものです。

平政／ひらまさ

3月、7月〜8月
ぶり、かんぱちともに「青魚御三家」とよばれる。味はぶりと似ているが、ひらまさのほうが脂が少なくさっぱりとしている。

パプリカ

赤も黄色も色味が鮮やかで皮にしわがないものがよい。ヘタの切り口が乾燥して茶色くなっているものは避ける。

↓65ページ

鯣烏賊／するめいか

8月〜3月
新鮮ないかは体が透明または茶色で、目が盛り上がっている。体が白っぽくなっているものは鮮度が落ちている。

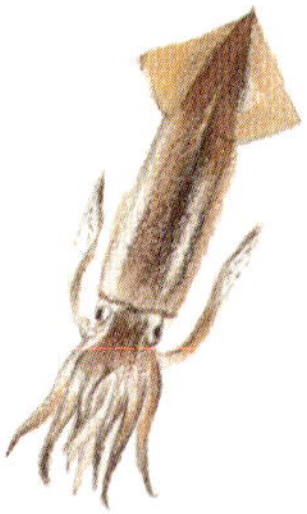

鯊／はぜ

目は青味がかった黒、体にぬめりがあり、透明感のあるものがよい。天ぷらが一般的だが、鮮度がよければ刺身も美味。

無花果／いちじく

6月〜9月
皮に色ムラがなく、しわがないものを選ぶとよい。「無花果」と書くのは、花が実の中につき、外からは見えないため。

↓66ページ

鰯／いわし

8月、10月〜2月
おなかがふっくらとしていて、体は青味を帯びた銀色に光り、背中の黒い斑点がはっきりしているものがよい。

↓67ページ

茄子／なす

7月〜9月
ヘタが黒々としていて、トゲが立っているもの。表面に光沢があるものを選ぶ。表面にしわがあるものは鮮度が落ちている。

↓67ページ

酢橘／すだち

8月〜10月
皮が黄色味がかっているものは避け、きれいな緑色のものを選ぶ。実は固めでずっしりとしているものを選ぶとよい。

↓67ページ

第四十候

綿柎開《わたの はなしべ ひらく》

柎《はなしべ》とは花の萼《がく》のこと。綿の実を包んでいた茶色い萼がはじけ、中から真っ白い綿毛に守られた種が跳び出します。彩り鮮やかなパプリカとバジルが利いたタイ風かけご飯をいただき、夏の終わりを元気よく過ごしましょう。

8月23日〜8月27日頃

パプリカと鶏ひき肉のタイ風バジル炒め

【材料】

	パプリカ(スライス)	1個
	鶏挽き肉	250g
	玉ねぎ(スライス)	½個
	バジル(葉)	15枚
	卵(目玉焼き)	2個
	ご飯	2膳
	ニンニク(みじん切り)	1片
A	オイスターソース	大さじ1.5
A	ナンプラー／みりん／酒	各大さじ1
A	しょうゆ／砂糖	各小さじ1
	塩・コショウ／赤唐辛子	少々
	サラダ油	適量

【作り方】 調理時間20分

1 Aは混ぜ合わせておく。

2 フライパンにサラダ油、ニンニク、赤唐辛子を入れて熱し、香りが出たら鶏挽き肉を入れ、火を通す。

3 2に玉ねぎ、パプリカを加えて炒め、塩・コショウで調味する。

4 全体に火が通ったら1とバジルを加え、からめながら炒める。

5 皿にご飯を盛り、4を盛りつける。最後に目玉焼きをのせる。

おぼえ書き　赤唐辛子は、火を通すと辛みが増し、生の青唐辛子は辛みが甘みに変化するので、お好みで試してみてください。

第四十一候

天地始粛《てんちはじめてさむし》

二百十日を迎えるこの時期には、秋雨前線もときどき顔を現すようになります。旬を迎えた甘い無花果、トレビスの苦み、胡麻の風味のセルバチコ、バルサミコ酢の酸味、四つの味が調和する、大人のサラダです。

8月28日〜9月1日頃

無花果のサラダ　バルサミコ風味

【材料】

	イチジク(8等分)	2個
	セルバチコ(またはルッコラ)(5cm)	1束
	トレビス(1cm幅)	¼個
	松の実	大さじ1
A	オリーブ油	大さじ2
A	バルサミコ酢	大さじ2
A	塩・コショウ	少々

【作り方】 調理時間15分

1 ボウルにAを入れ、混ぜ合わせる。

2 1にイチジク、セルバチコ、トレビス、松の実を入れ、全体をからめる。

おぼえ書き　イチジクは、不老長寿の果物といわれる程、栄養価や薬効が高い果物です。上品な甘さがサラダにもよく合います。

第四十二候

禾乃登《こくものすなわちみのる》

稲穂には米が実り、日に日に熟しています。刈り入れ間近のこの時期は台風も多く、風をおさめ豊作を祈る風鎮祭が各地で行われます。旬の鰯と茄子で海と畑それぞれの南蛮漬けを作り、食卓で豊作を祈りましょう。

9月2日～9月6日頃

鰯と茄子の南蛮漬け

【材料】

	イワシ(三枚おろし)	2尾
	ナス	4本
	長ネギ(白髪ネギ)	5㎝分
	すだち	1個
A	玉ねぎ(スライス)	50g
A	ピーマン／人参(千切り)	各50g
A	三杯酢(しょうゆ、酢、みりん各60ml)	
A	砂糖	小さじ2
B	酢／しょうゆ	各60ml
B	水	30ml
	鷹の爪(輪切り)／糸唐辛子	適量
	片栗粉／揚げ油	適量

【作り方】 調理時間15分

1 AとBはそれぞれ混ぜ合わせておく。

2 イワシに片栗粉をまぶし、180℃の油で揚げる。深皿に並べ、Aで漬ける。

3 ナスは半分に切り、斜めに切り込みを入れ、素揚げする。深皿に並べ、Bで漬ける。

4 2と3の粗熱が取れたら、冷蔵庫で冷やしてそれぞれ盛りつけ、鷹の爪、糸唐辛子、長ネギをのせ、最後にすだちをしぼる。

おぼえ書き　すだちがたくさん手に入った時は、酢の代わりに漬けダレにたっぷり使うと、爽やかな味わいが引き立ちます。

白露《はくろ》

九月七日～二十一日頃

昔の人は、草木に降りた露が白濁したように見えることを、夏から秋への交代期の目印としたそうです。昼間の残暑はまだまだ厳しい時期ですので、白露という言葉にせめて涼しさを感じとりたいものです。

梨／なし

8月～9月

重みがあり、やや横長のものを選ぶ。二十世紀なしは黄色味を帯びたもの、赤なし系は茶色に赤味がさしたものがよい。

↓71ページ

秋刀魚／さんま

9月～10月

頭が小さく、口先が黄色味がかっているものがよい。頭から背中にかけて盛り上がっているものが脂がのっているとされる。

南瓜／かぼちゃ

8月～10月

ヘタがよく乾燥していて重みのあるものがよい。カットされているものは、果肉が濃いオレンジ色で種がふっくらしているものを選ぶ。

↓69ページ

桃／もも

7月～9月

実が大きく左右対称で、お尻の部分が白いものを選ぶとよい。常温で保存し、食べる直前に冷やすと甘みが損なわれない。

↓69ページ

間八／かんぱち

7月～9月

切り身はきれいなピンク色をしているものがよい。大きなものより中型のほうが脂がほどよくのっていておいしいとされる。

とんぶり

9月

秋田県が産地で見た目や食感から「畑のキャビア」とよばれる。濃い緑色で粒の大きさが揃っているものを選ぶとよい。

↓70ページ

葡萄／ぶどう

8月～10月

軸が太く、実がしっかりついているものを選ぶ。果皮が濃く、粒の表面にブルームとよばれる白い粉がついているものがよい。

舌平目／したびらめ

6月～7月、9月

「ひらめ」とあるがカレイの仲間。身に厚みがあり、ひれが切れていないもの、体をおおうぬめりが透明なものがよい。

葉唐辛子／はとうがらし

9月

佃煮は「伏見辛（ふしみから）」という品種が中心だが、ほかの品種でも食用に使える。辛みが少なくたくさん食べられるのが魅力。

第四十三候

草露白《くさのつゆしろし》

早朝の野山で、草花に小さな露がついているのに気がつきます。露は、夏から秋への変わり目など、朝晩の気温が急に下がるときによく見られます。南瓜を冷たいポタージュ仕立てにして、秋の気配を先取りしましょう。

9月7日〜9月11日頃

南瓜と桃の冷んやりスープ

【材料】

	カボチャ	150g
	桃(1㎝角切り)	¼個
	玉ねぎ(スライス)	½個
A	牛乳	350ml
A	生クリーム	50ml
A	コンソメ	1個
	バター	10g
	塩・コショウ	少々
	〈飾り〉パンプキンシード	適量

【作り方】調理時間20分

1 カボチャは皮つきのままラップをして電子レンジに入れ、5〜10分加熱する。皮をむき、適当な大きさに切る。

2 鍋にバター、玉ねぎを入れ、焦がさないようにしんなりするまで炒める。

3 2に1とAを加え、沸騰しないように煮込み、塩・コショウで調味する。

4 3が熱いうちにカボチャをつぶし、粗熱が取れたら冷蔵庫で冷やす。
※ミキサーやすり鉢などでつぶしてもよい。

5 器に4を入れ、桃とパンプキンシードを飾る。

おぼえ書き　カボチャは固いので、ラップをして電子レンジで5〜10分程温めると、包丁で簡単に切ることができます。

第四十四候

鶺鴒鳴《せきれいなく》

鶺鴒《せきれい》は古事記や日本書紀にも登場する鳥で、水辺や民家の軒下などにも巣を作る、日本人には身近な存在でした。この季節に登場する、「畑のキャビア」ともよばれるとんぶり。飛子と合わせてプチプチした食感が愉しめます。

9月12日〜9月16日頃

とんぶりと魚介の酢飯サラダ

【材料】

A
- とんぶり……大さじ2
- とびっこ（しょうゆ漬け）……大さじ2
- 枝豆（みじん切り）……大さじ1
- ピクルス（みじん切り）……大さじ1

刺身（ぶつ切り）……60g

酢飯……2～3膳

〈飾り〉白ごま／刻み海苔……適量

〈飾り〉あさつき（みじん切り）……適量

【作り方】 調理時間15分

1 ボウルに酢飯を入れ、Aを加え、混ぜ合わせる。

2 器に1を盛りつけ、刺身をのせる。白ごま、刻み海苔、あさつきを飾る。

おぼえ書き　余ったパプリカや玉ねぎを細かく刻んで、ピクルスにしておくと便利。とびっこやとんぶりは、冷凍保存ができます。

第四十五候

玄鳥去《つばめさる》

春先に飛来した燕が暖かい南の国へ帰れば、いよいよ秋の始まり。果物の世界でも大スターたちの登場です。さっそく梨をすりおろして冷麺のスープに加えてみましょう。辛、酸、甘、塩、旨みの五味が一度に味わえます。

9月17日〜9月21日頃

梨を愉しむ五味冷麺

【材料】

梨（細切り）		¼個
きゅうり（細切り）		1本
プチトマト（くし形）		6個
豚肉（ロース）		2枚
卵（半熟）		1個
冷麺		2袋
A	鶏ガラスープ	3カップ
	酢／レモン汁	各大さじ2
	梨（すりおろし）	¾個
糸唐辛子／キムチ		適量
ごま油		適量
〈飾り〉刻み海苔／白ごま		適量

【作り方】 調理時間20分

1 Aは混ぜ合わせ、冷蔵庫で冷やしておく。

2 フライパンにごま油を入れ、豚肉を両面焼き、1cm幅に切り、冷ましておく。

3 冷麺をゆで、流水でしめて、水気を切る。

4 器に3を入れ、2、梨、きゅうり、プチトマト、キムチ、半熟卵を盛りつけ、糸唐辛子、刻み海苔、白ごまを飾り、1をこしながら注ぐ。

おぼえ書き　スープは多めに作って、氷にしておくと、毎回梨をすりおろす手間がなく、いつでも手軽に使えます。

秋分《しゅうぶん》

九月二十二日〜十月七日頃

太陽は真東から出て真西に入り、春分と同じように、昼と夜の長さが等しくなります。秋分の日とその前後三日間を合わせた七日間が、秋のお彼岸です。

落花生／らっかせい

10月

さやが固く、実は大きく丸っこいものより細長いものがよい。酸化が早いので、密封容器に入れて冷蔵庫で保存する。

真鰈／まがれい

9月

大きいものよりは小ぶりのもの、身に厚みがあり、裏側が白いものを選ぶ。切り身も白身がきれいなものがよい。

↓73ページ

舞茸／まいたけ

9月〜11月

かさの茶色味が濃くて肉厚、軸の部分が固いものがよい。パックに入っているものは水滴がついているものは避ける。

↓73ページ

花梨／かりん

9月

皮に傷がなくつやつやかなものがよい。黄色く熟した実はいい香りがするので、部屋に置いて香りを愉しむのもよい。

鯖／さば

9月〜10月

背中の模様が濃いもの、切り身は透明感のあるピンク色のものを選ぶとよい。水分が多く傷みやすいので早めの調理を。

↓74ページ

里芋／さといも

8月〜11月

皮がしっとりとしていて丸みのあるものがよい。おしりの部分がふかふかとやわらかくなっているものは避ける。

青蜜柑／あおみかん

9月

完熟前の温州みかんを収穫したもの。完熟みかんには少ないヘスペリジンという成分が多く、花粉症に効果があるとされる。

生姜／しょうが

10月〜11月

新しょうがは色白で茎の近くに赤味がさしているもの、ひねしょうがは表面にツヤがあり黄色味が濃いものを選ぶとよい。

↓84ページ

松茸／まつたけ

10月

かさの裏側が白いものがよい。かさが開いているものは、香りが飛んでいるので避ける。軸が太く固いものが食感もよい。

↓75ページ

第四十六候

雷《かみなり》乃《すなわち》収声《こえをおさむ》

「暑さ寒さも彼岸まで」の言葉どおり、残暑も落ち着き秋らしい爽やかな陽気に包まれます。雷雲も姿を消し、もこもことした鱗雲が現れます。淡白な白身の真鰈をほっくりと揚げて、旬の舞茸を使ったソースで秋の香りを愉しみましょう。

9月22日～9月27日頃

真《ま》鰈《がれい》と きのこの甘酢かけ

【材料】

	マガレイ（切り身）	2切れ
A	舞茸（一口大）	50g
	玉ねぎ（みじん切り）	100g
	えのき茸（みじん切り）	100g
	パプリカ（みじん切り）	50g
	パセリ（みじん切り）	適量
B	しょうゆ	大さじ1
	酢／砂糖	各大さじ2
	オリーブ油	大さじ1
	片栗粉／塩／小麦粉	適量
	揚げ油	適量

【作り方】 調理時間25分

1 小鍋にオリーブ油を熱し、Aを炒める。火が通ったらBを入れて煮詰め、水溶き片栗粉を加え、とろみをつける。

2 マガレイは塩をふり、10分程置き、塩を洗い流し水気を切る。小麦粉をまぶし、少量の油で揚げる。

3 器に2をのせ、1のソースをかける。

おぼえ書き　カレイは世界で100種程知られていますが、日本ではマガレイ、ナメタガレイ、マコガレイなど数十種類が出回っています。

第四十七候

蟄《むし》虫《かくれて》培《とを》戸《ふさぐ》

虫たちは十月には冬ごもりの支度に入ります。秋に旬を迎える真鯖も、冬に向けて身にしっかりと脂がのって味わいが増します。酢でしめた鯖とアボカドを美しく盛りつけて、素材そのものの力を味わう一品。

しめ鯖とアボカドのミルフィーユ

9月28日～10月2日頃

【材料】

しめ鯖（1cm幅スライス）……半身（1パック）
アボカド（1cm幅スライス）……½個
レモン……適量
しょうゆ……適量
〈飾り〉イタリアンパセリ……適量

【作り方】 調理時間10分

1 皿にしめ鯖とアボカドを交互に並べる。
2 1にレモンをしぼり、飾りにイタリアンパセリ、削ったレモンの皮を散らす。
3 しょうゆをつけていただく。

おぼえ書き　しそと海苔を加えて、ご飯にのせた丼もおすすめです。

第四十八候

水始涸《みずはじめてかる》

農家の人々が丹誠込めて育てた稲は、今、黄金色に染まり、実りの秋を迎えました。水田に張っていた水を落として、刈り入れの準備です。日本人の心ともいえるお米と、秋の味覚の王様・松茸を、シンプルなリゾットで。

松茸のリゾット

10月3日〜10月7日頃

【材料】

松茸		2本
玉ねぎ(みじん切り)		½個
コンソメスープ		400ml
米		1合
バター		20g
A	生クリーム(乳脂肪分35%以上)	40ml
	パルミジャーノ(粉)	30g
パルミジャーノ		適量
オリーブ油		適量
塩・コショウ		適量

【作り方】調理時間30分

1 松茸は半量を食べやすい大きさに切り、半量のバターでソテーし、取り出す。残りはみじん切りにしておく。

2 フライパンに残りのバター、オリーブ油を入れ、玉ねぎ、みじん切りの松茸を加えて、焦げないように炒める。

3 2に米を入れ、なじませたらコンソメスープを加え、中火でゆっくりと火を通す。

4 米に火が通ったら、Aを加えて混ぜ、塩・コショウで調味する。

5 4を器に盛りつけ、パルミジャーノを削りかけ、ソテーした松茸を添える。

おぼえ書き　松茸は石づき(根の固い部分)を削り、水を張ったボウルで指でこするように汚れを落とし、布巾で水気をふき取って使います。

寒露《かんろ》

十月八日〜二十二日頃

朝晩の冷え込みが、はっきりと感じられるようになります。明け方、草や葉に宿る露に触れて、思いがけない冷たさに驚いたことはありませんか。秋は確実に深まっているのです。

栗／くり

9月〜10月

ふっくらと丸みがあり、鬼皮にツヤがあるものがよい。虫食いの穴や傷がついて黒ずんでいるものは避ける。

北寄貝／ほっきがい

正式名は「姥貝(うばがい)」。生食もできるが加熱したほうが旨みが増す。むき身は肉厚のもの、ゆでたものは赤味がきれいなものがよい。

↓77ページ

零余子／むかご

9月〜11月

山芋や自然薯の葉の付け根にできる。大粒のものは揚げ物や煮物に、小粒のものは炊き込みご飯にするとおいしい。

↓77ページ

木通／あけび

9月〜10月

表面がきれいな紫色で、割れ目から中を見て乾燥していないものを選ぶとよい。アク抜きをすれば皮も食べられる。

小豆／あずき

9月〜11月

小さな粒を「あずき」、大きなものを「大納言」とよぶ。粒が揃っていて皮が薄く、色味が濃いものがよい。

↓78ページ

滑子／なめこ

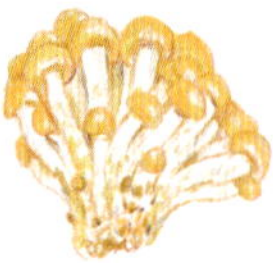

10月〜11月

表面のぬめりに光沢があり、かさは破れがなく大きさが揃っているものがよい。水煮は形が崩れていないものがよい。

↓78ページ

柘榴／ざくろ

9月〜10月

果皮に赤味があり、ずっしりしているものがよい。皮に軽く切れ目を入れ、冷水の中で皮をむくと実が飛び散らない。

魳／かます

9月〜11月

目が澄んでいて、身が締まって太っているものがよい。小さなものより大きなもののほうが、脂がのっているとされる。

↓79ページ

青梗菜／ちんげんさい

葉は濃い緑色、茎の部分は幅広で根元に向かって肉厚になっているものがよい。葉が巻いていないが白菜の仲間。

↓79ページ

第四十九候

鴻雁来《こうがんきたる》

群れをなして飛ぶ雁は、まだ北国から渡ってきたばかり。この時期に旬を迎える北寄貝の歯ごたえと、むかごの苦みがマッチします。旬のきのこをたっぷり使い、バター醤油が秋らしい香りを添えます。

北寄貝《ほっきがい》と零余子《むかご》のバター醤油

10月8日〜10月12日頃

【材料】

ホッキ貝	200 g
むかご	50g
きのこ(たもぎ茸・舞茸・エリンギ)	150g
バター	15g
白ワイン	大さじ 1
しょうゆ	小さじ 2
オリーブ油	適量

【作り方】 調理時間 15 分

1 フライパンにオリーブ油を熱し、むかごを入れて、少量の水を加えて蓋をし、やわらかくなるまで煮たら、取り出す。

2 同じフライパンにバター、ホッキ貝、きのこ類を入れ、炒める。

3 2に白ワインをふり、蓋をして 30 秒程度蒸し焼きにする。

4 1をフライパンに戻し、鍋肌(フライパンの側面)からしょうゆをまわしかける。

おぼえ書き　ホッキ貝は、炒めすぎないようにして、食感を愉しみましょう。

第五十候

菊花開《きくのはなひらく》

旧暦九月九日は重陽《ちょうよう》の節句。別名「菊の節句」といい、中国ではこの日、菊の花を浸した菊花酒で不老長寿を願う習慣がありました。その年採れたばかりの新豆が並ぶのもこの時期です。シンプルなお粥で味わいましょう。

小豆粥と滑子汁

【材料】

小豆粥	小豆	½カップ
	米	1合
	水	5カップ
なめこ汁	なめこ	50g
	豆腐	50 g（½丁）
	味噌	大さじ 1.5
	だし	2カップ

【作り方】 調理時間 60 分

1. 小豆は洗って一晩水に漬ける。たっぷりの水で2回程ゆでこぼし、水2カップを注ぎ、八分通りゆでる。
2. 米は洗って、土鍋に水を注ぎ、40 分炊く。
3. 2に1を汁ごと加え、小豆がやわらかくなるまで炊く。
4. なめこはザルにあけ、流水でぬめりをとるようにサッと洗い、水気を切る。小鍋にだしを温め、味噌をとき、なめこと豆腐を加える。

おぼえ書き　「ゆでこぼす」とは、材料をゆでて沸騰したらその汁をいったん全部捨て、再び新しい水からゆで直す方法です。

第五十一候

蟋蟀在戸《きりぎりすとにあり》

この候に登場する秋の虫は、蟋蟀とありますが、ツヅレサセコオロギのことかと思われます。海には秋の魚、魳が登場です。干物にすることが多いですが、旬ですから、生の魳をソテーし、中華風野菜ソースでいただきます。

10月18日〜10月22日頃

魳《かます》のソテー中華ソース 青梗菜《ちんげんさい》添え

【材料】

	カマス（三枚おろし）	1尾
	チンゲン菜	3株
A	ごま油	小さじ1
A	中華スープ	1カップ
B	タケノコ（水煮／みじん切り）	50g
B	人参／玉ねぎ（みじん切り）	各50g
B	干しエビ（粗みじん切り）	大さじ1
B	生姜（みじん切り）	小さじ2
B	ニンニク（みじん切り）	1片
	しょうゆ	小さじ2
	片栗粉／小麦粉／ごま油	適量

【作り方】 調理時間25分

1 カマスは、三等分に切り、小麦粉をまぶす。フライパンにごま油を入れて熱し、カマスを皮目から両面焼き、取り出しておく。

2 フライパンにAを入れて熱し、チンゲン菜を軽くゆで、皿に盛りつける。

3 2のフライパンにBを加えて人参に火が通るまで煮たら、しょうゆを加え、水溶き片栗粉でとろみをつける。

4 2の皿に1を盛りつけ、3をかける。

おぼえ書き　チンゲン菜の葉の部分は火が通りやすいので、葉の部分を持ちながら株の部分からゆでるのがコツです。

霜降《そうこう》

十月二十三日～十一月七日頃

北国から順々に霜が降り始める時期。とはいえ、地面に土を見つけることがだんだん困難になってきている都会では、冬の訪れを確認しようにも、なかなか霜自体にお目にかかることが少なくなっています。

胡桃／くるみ

殻を割るのが大変だが、風味の点では国産の殻つきがいちばんよい。殻の色がうすく、重みのあるものを選ぶ。

↓81ページ

占地／しめじ

10月～11月

ほんしめじは、かさに丸みとハリがあり、軸はふっくらとしているものがよい。やわらかくなっているものは避ける。

↓81ページ

鮭／さけ

9月～12月

秋のさけは卵に栄養が取られてしまうメスよりオスのほうが味がよい。切り身は皮・身ともに色がきれいなものを選ぶ。

↓81ページ

喉黒／のどぐろ

正式名は「アカムツ」。外見からはわからないが口の奥が黒いため「のどぐろ」とよばれる。焼き物、鍋、干物といずれも美味。

薩摩芋／さつまいも

9月～11月

紅あずまなら皮は鮮やかな紅色、真ん中がふっくらとしているものがよい。切り口からねっとりした液が出ているものは蜜が多い。

↓82ページ

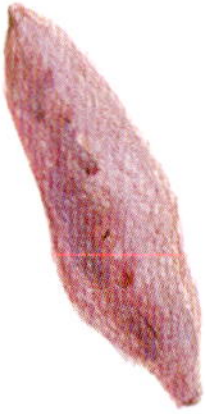

林檎／りんご

10月～12月

底の部分までしっかり色づいているものがよい。酸味や固めの食感が好みであれば、逆に青味が残っているものを。

↓82ページ

旗魚／かじき

切り身は、まかじきなら鮮やかな赤、めかじきはピンク色がよい。「かじきまぐろ」ともいわれるが、まぐろの仲間ではない。

鯔／ぼら

大きなもののほうが味がよいとされる。珍味として知られる「からすみ」は、ぼらの卵巣を塩漬けして干したもの。

↓83ページ

人参／にんじん

切り口（葉がついているものは葉も含めて）がみずみずしいものを選ぶ。切り口の直径が小さいほうがやわらかく味もよい。

第五十二候

霜《しも》始《はじめて》降《ふる》

霜は空気中の水蒸気が氷点下に冷えたものに触れてできる氷の結晶。いよいよ冬の足音が近づいている証拠です。鮭、占地、胡桃をひとつにまとめた晩秋の味覚いっぱいのキッシュで、冷えた身体をほかほかと温めましょう。

鮭と占地《しめじ》と胡桃のキッシュ

【材料】 4個分（10cm ×10cm型）

サケ(切り身)	1切
しめじ(ほぐす)	50g
クルミ	8粒
玉ねぎ(スライス)	½個
ニンニク(みじん切り)	1片
バター	10g
A 生クリーム／牛乳	各50ml
A 卵	1個
冷凍パイシート(10cm× 20cm)	2枚
ナツメグ	少々
加熱用チーズ	適量
塩・コショウ	少々

【作り方】 調理時間30分

1 パイ生地は使う10分程前に常温に戻しておく。Aは混ぜ合わせておく。

2 ニンニク、玉ねぎ、しめじ、サケの順にバターで炒め、ナツメグ、塩・コショウで調味する。

3 型に1のパイ生地をのばし、2を入れて、Aを流し込む。

4 3に加熱用チーズ、クルミをのせ、トースターで、Aが固まるまで約30～40分程焼く。

※オーブンの場合の焼き時間の目安は、200℃で15～20分程。

おぼえ書き　型の種類や大きさによって分量を変え、倍量で18cmの型で大きなキッシュにしてもよい。

第五十三候

霎《こさめ》時《ときどき》施《ふる》

霎は、しとしと降り続くのではなく、ぱらぱらと滴を散らしてじきに止んでしまうような雨のこと。食欲の秋も本番。薩摩芋と林檎の、素材本来の自然な甘みを生かした、デザートのようなサラダです。

二色の薩《さつ》摩《ま》芋《いも》と林檎のサラダ

【材料】

黄色のサラダ	A	サツマイモ(紅あずまなど)	150g
	A	リンゴ(1cm角)	¼ 個
	A	マヨネーズ/ヨーグルト	各大さじ 1
	A	レーズン	適量
		〈飾り〉クルミ	適量
紫色のサラダ	B	紫芋	150g
	B	ヨーグルト	大さじ 1
		クリームチーズ	20g
		〈飾り〉パンプキンシード	適量

【作り方】調理時間 10 分

1 サツマイモと紫芋はそれぞれ皮をむき、蒸すか電子レンジでやわらかくする。温かいうちにマッシャーなどでつぶして、冷ます。

2 ボウルに A を入れ、混ぜ合わせる。

3 別のボウルに B を混ぜ合わせる。なじんだらクリームチーズを加え、マーブル状になるよう、ざっくり混ぜ合わせる。

4 2 にはクルミ、3 にはパンプキンシードを飾る。

おぼえ書き　さまざまな種類のサツマイモがあるので、それぞれの味や色、合わせる食材を試してみてください。

第五十四候

楓蔦黄《もみじつたきばむ》

紅葉前線が徐々に南下し始めます。色づき始めてから三、四週間後が見ごろ。
橙色が鮮やかな鱲子をパスタにして、紅葉の山々をイメージしてみましょう。
鱲子パウダーのつぶつぶ感と塩気が、やみつきになるおいしさ。

鱲子《からすみ》のパスタ

11月2日～11月7日頃

【材料】

	カラスミ（パウダー）	大さじ2
	カラスミ（スライス）	30g
	パスタ（スパゲティ）	200g
A	ニンニク（みじん切り）	1片
A	オリーブ油	大さじ3
A	唐辛子（輪切り）	1本
	塩	適量
	〈飾り〉チャービル（みじん切り）	適量

【作り方】 調理時間30分

1 カラスミを細かく刻み、パウダー状にする。
2 パスタは固めにゆでる。
3 フライパンにAを入れ、弱火にかけ、ゆっくりと香りをつける。火を止めてからパスタのゆで汁を大さじ2程加える。
4 3に2を入れて火にかけ、水分を飛ばす。火を止めて1を入れ、全体にからめる。
5 器に4を盛りつけ、カラスミのスライス、チャービルを飾る。

おぼえ書き　ボラの卵から作るカラスミは、イタリアではボッタルガといい、日本だけでなく、古来からの伝統食材のひとつとして有名です。

秋のおたのしみ

生姜

寒くなる時期、身体をぽかぽかと温めてくれる生姜。生姜にシナモンやなつめなどのスパイスを組み合わせることで、さらに血行を良くし、風邪予防、のどの痛み、疲労回復、滋養強壮にも効果的なシロップができあがります。シロップを作った後の生姜も、半乾き状態にして、グラニュー糖をまぶせば、ついついクセになるお茶うけになります。

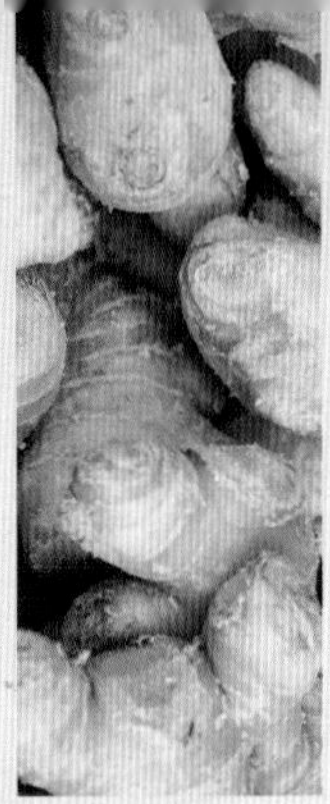

ジャスミンジンジャーミルクティー

【材料】（2人分）

ジンジャーシロップ……………大さじ2
ジャスミン茶……………………大さじ1
牛乳 ………………………………200ml
水 …………………………………200ml

【作り方】

1 鍋に水を入れて沸騰したら、ジャスミン茶を入れて5分程煮出し、香りをたたせる。

2 1に牛乳とジンジャーシロップを入れて、沸騰させないようにゆっくりと温める。

3 2をこしながら、カップに注ぐ（この時、ジャスミン茶をしぼると苦みが出てしまうので注意）。

※ジンジャーシロップがない場合は、すりおろした生姜と黒糖（またはブラウンシュガー）を入れてもよい。

ジンジャーシュガー

【材料】

シロップ用に使ったショウガ …300g
グラニュー糖……………………適量

【作り方】

1 スパイスジンジャーシロップで煮出したショウガは形の良いものを取り出し、ザルに並べて天日で半日程乾かす（カリカリではなく半乾き状態に）。

2 全体にグラニュー糖をまぶす。

スパイスジンジャーシロップ

【材料】

ショウガ……………………………300 g
黒糖（または三温糖）……………300 g
干しなつめ…………………………1～2個
シナモンスティック………………1本
クローブ／カルダモン……………少々
水 …………………………………450ml

【作り方】

1 ショウガはよく洗い、皮ごとスライスする。

2 鍋にすべての材料を入れて、中火にかけ、沸騰したら火を弱め、30分程煮詰める。

3 2をこして、冷ましたら冷蔵庫で保管する。お湯割り、ソーダ割り、水割り、レモンなどをしぼったり、赤ワインと一緒に煮てホットワインにするなどアレンジいろいろ。

【出来上がり目安】当日から

冬

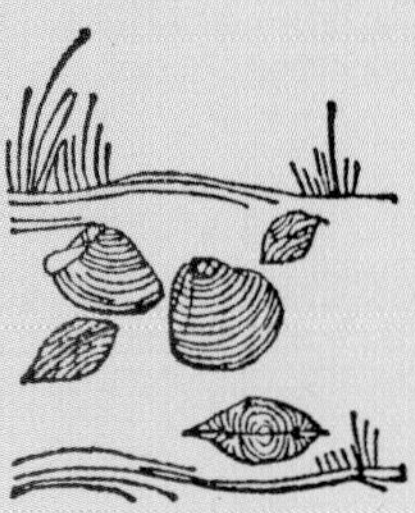

立冬《りっとう》

十一月八日～二十二日頃

暦のうえでは、まさに今が冬の始まりです。北国から初雪の便りが届いたり、冬の季節風が吹き始めるのもこの時期。「今朝の冬」という季語がありますが、これは立冬の日の朝のことです。

銀杏／ぎんなん

11月

食用にするグリーンの部分は種の中の胚（はい）。固い鬼皮を割るのが大変だが、電子レンジで加熱すると簡単にむける。

↓88ページ

西洋梨／せいようなし

10月～12月

青いうちに収穫し、1～2週間程貯蔵（追熟）してから出荷される。軸の近くがやわらかく、いい香りがしてきたら食べごろ。

↓87ページ

牡蠣／かき

11月～2月

殻つきは厚みがあり、ずっしりと重いものがよい。むき身は白っぽいものは避ける。身は大根おろしで洗うと汚れがよくとれる。

↓88ページ

帆立貝／ほたてがい

殻つきは口が少し開いていてもさわるとサッと閉じるもの、むき身は貝柱が肉厚でふっくらとしたものを選ぶとよい。

↓87ページ

柿／かき

10月～12月

「へた隙き」といってへたの形がきれいで実にしっかりくっついているものがよいとされる。実は色ムラがないものを選ぶとよい。

葱／ねぎ

12月～2月

白と緑の境目がはっきりしていて、いずれの部分もみずみずしいものがよい。巻きがゆるくスカスカのものは避ける。

↓87ページ

甘鯛／あまだい

9月～2月

その名のとおり甘みがあるのが特徴。水分が多く身がやわらかいため、塩をふって一晩置いてから使うとよい。

↓89ページ

カリフラワー

10月～12月、2月～3月

白いつぼみの部分がこんもりとまとまっていて、茎が太く短いものがよい。ゆでる時にレモンや酢を入れると白く仕上がる。

↓89ページ

山芋／やまいも

11月～12月

皮に傷がなく、切り口がきれいな白色であるものを選ぶとよい。山に自生しているものを「自然薯（じねんじょ）」とよぶ。

↓89ページ

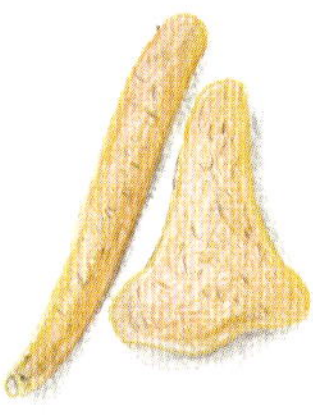

第五十五候

山茶始開《つばきはじめて ひらく》

冬の初めに先駆けとして咲く、ツバキ科の植物・山茶花《さざんか》。垣根にぽつりぽつりと花をつけ始め、冬の訪れを予感させます。帆立と葱の旨みに、今がおいしい西洋梨の甘みを加えました。意外にも味のバランスがよい一皿です。

帆立と西洋梨のソテー

11月8日〜11月12日頃

【材料】

ホタテ（貝柱）	5個
西洋梨（8等分）	1個
長ネギ（5cm）	1本
バター	30g
オリーブ油	適量
塩・コショウ	適量

【作り方】調理時間20分

1 フライパンにオリーブ油を入れ、西洋梨を焼く。両面焼き色がついたら取り出しておく。

2 同じフライパンにバターを加え、ホタテ、長ネギをソテーし、塩・コショウで調味する。

3 皿に1と2を盛りつける。

おぼえ書き　西洋梨は、火を通して肉や魚と合わせると、より一層甘みが引き立ちます。また、コンポートで甘いソースにしても。

第五十六候

地始凍《ちはじめてこおる》

夜間の冷え込みもいっそう厳しく、地面が固く凍てつく朝も増えます。はっきりと冬が感じられる時節には「海のミルク」といわれる牡蠣の栄養分と、旨みがたっぷり溶け込んだスープで、しっかり身体を温めましょう。

11月13日〜11月17日頃

牡蠣《オイスター》チャウダー

【材料】

	カキ（生食用）	150g
	ぎんなん	適量
A	玉ねぎ（みじん切り）	80g
	じゃがいも／人参／セロリー（1㎝角）	各 80g
	バター	10g
	ニンニク（みじん切り）	1片
B	ローリエ	1枚
	コンソメスープ／牛乳	各1カップ
	オリーブ油／白ワイン	各大さじ1
	レモン汁／小麦粉	適量
	塩・コショウ	適量
	〈飾り〉パセリ（みじん切り）	適量

【作り方】 調理時間 30 分

1. カキは、小麦粉をまぶし、フライパンにオリーブ油を熱して表面を軽く焼く。次に白ワインとレモン汁をふり、弱火で2〜3分蒸し煮にして、取り出しておく。
2. 1の鍋にAを入れ、中火で5分程炒める。
3. 弱火にして、Bを加えて15分程、沸騰させないように煮込み、カキを戻し、塩・コショウで調味する。
4. 器に3とぎんなんを盛りつけ、パセリを散らす。

おぼえ書き　玉ねぎ、人参、セロリーは、野菜の旨みを引き出すように、じっくりソテーするのがコツです。また、カキは火を通しすぎないように。

第五十七候

金盞香《きんせんかさく》

冬の花でも香りが高いことで人気のある水仙が咲きます。冬のご馳走で人気の魚は甘鯛。グリルした甘鯛の旨みと、食感のよい山芋とカリフラワーに甘酸っぱいバルサミコ酢を添えていただきます。

11月18日〜11月22日頃

甘鯛と山芋とカリフラワーのグリエ

【材料】

アマダイ（三枚おろし）	1尾
山芋（1cm輪切り）	100g
カリフラワー（一口大）	100g
バルサミコ酢	½カップ
オリーブ油	大さじ1
小麦粉	適量
塩・コショウ	少々
〈飾り〉チャービル	適量

【作り方】 調理時間25分

1. カリフラワーは、下ゆでしておく。山芋は、よく洗い、皮のまま切る。バルサミコ酢は、半量になるまで煮詰めておく。
2. アマダイは2〜3等分に切り分け、塩をふり、しばらく置く。塩を水で洗い流して、水気をとり、小麦粉をまぶす。
3. フライパンにオリーブ油を入れて熱し、アマダイを皮目から焼き、返したら山芋とカリフラワーを入れて焼き目がつくまでそれぞれ焼く。
4. 器に3を盛りつけ、チャービルを飾り、1のバルサミコ酢を添える。

おぼえ書き　山芋は皮ごと焼くことで、栄養もまるごととれます。

小雪《しょうせつ》

十一月二十三日〜十二月六日頃

北風の冷たさが、日々はっきりと感じられるようになります。北国では里にも雪がちらつくことがありますが、まだ本格的な寒さには至りません。ちょっとした雪、の意としての「小雪」です。

喜知次／きちじ

体の赤い色が濃く鮮やかな程鮮度がよいとされる。関東では「きんき」とよぶ。また「きんめだい」とは別の魚。

ずわい蟹／ずわいがに

11月〜2月

甲羅が固く、おなかが茶色いものを選ぶとよい。地域によって呼び名が変わるほか、オスとメスで違うこともある。

↓92ページ

大豆／だいず

11月

えだまめが成熟したもので、だいずを炒って粉末にしたものがきなこ。表面にツヤがあり、粒が揃っているものがよい。

↓91ページ

柳葉魚／ししゃも

10月〜11月

生は魚体がつややかで、メスはおなかにハリのあるものがよい。干物はおなかが破れていないものを選ぶ。

椎茸／しいたけ

9月〜11月

かさが肉厚で開きすぎず、内側のひだが白くきれいなものがよい。干ししいたけは、かさの内側が黄色いものを選ぶ。

↓92ページ

檸檬／れもん

10月〜12月

香りが強く、皮にツヤがあり、文字どおり「レモン色」のものがよい。皮ごと使う場合は輸入物を避け、国産を選ぶ。

↓92ページ

鰰／はたはた

12月

体にぬめりがあり、目が青みを帯びて黒く、背中の色が濃いものを選ぶとよい。鳥取県周辺では「しろはた」ともよばれる。

菠薐草／ほうれんそう

12月〜2月

葉は厚みがあり濃い緑色、茎は細めで長くないものを選ぶ。根の赤くなっている部分は栄養豊富なので食べたほうがよい。

↓93ページ

第五十八候

虹蔵不見《にじかくれてみえず》

昼の時間が短くなり、どんよりとした曇りがちの日も多くなってくる時期。空にかかる虹も見ることがありません。師走の忙しさを前に、「畑の肉」といわれる栄養豊富な大豆をたっぷりといただける一品を。

新大豆と挽き肉のチリ煮込み

11月23日〜11月27日頃

【材料】

大豆(乾燥)		150g
牛豚合い挽き肉		200g
玉ねぎ(みじん切り)		½個
ニンニク(みじん切り)		1片
チリパウダー		大さじ2
オリーブ油		大さじ1
A	トマト水煮	1缶
A	ローリエ	1枚
A	コンソメ(固形)	1個
A	水	2カップ
塩・コショウ		少々

【作り方】調理時間30分

1 ボウルに大豆と3倍程の水を入れ、一晩置く。翌日浸け水と一緒に15分程ゆでてザルにあげておく。

2 鍋にオリーブ油とニンニクを入れ、玉ねぎをしんなりするまで炒める。

3 2に合い挽き肉を入れ、チリパウダーを加えて炒める。

4 3に1とAを加え、20分程煮込み、塩・コショウで調味する。

おぼえ書き　大豆をゆでる時間がない時は、水煮など手軽に手に入るものを使ってもよい。

第五十九候

朔風払葉《きたかぜ このはを はらう》

存在感を増した北風が、木々の枝から枯れ葉を吹き飛ばします。十二月、いよいよ本格的な冬の味覚登場です。たっぷりの蟹に椎茸と葱を加えた和風クラブケーキは、和洋がミックスされたちょっとモダンなご馳走です。

11月28日〜12月1日頃

ずわい蟹の和風バーガー

【材料】

	ズワイガニ	200g
	椎茸／長ネギ（みじん切り）	各大さじ4
A	卵	1個
A	パン粉／マヨネーズ	各大さじ1
A	チリパウダー（お好みで）	小さじ1
B	マヨネーズ	½カップ
B	マスタード	小さじ1
B	玉ねぎ／ピクルス（みじん切り）	各大さじ1
B	レモン汁／ディル（あれば）	適量
	バンズ	2人分
	サラダ油／パン粉	適量

【作り方】 調理時間20分

1 ズワイガニは4%程の塩水でゆで、身を削ぎ落としておく。Bは混ぜ合わせておく。

2 フライパンにサラダ油を入れ、長ネギ、椎茸を炒めて、冷ましておく。

3 ボウルにズワイガニ、2、Aを入れて混ぜ合わせ、成型してバットに並べる。冷蔵庫で10分程休ませる。

4 3にパン粉をまぶし、フライパンに多めに油を入れて、両面焼く。

5 バンズに4とBをのせ挟む。

おぼえ書き　タルタルソースは、市販のものに玉ねぎとピクルスを刻んで入れるだけでも食感が加わり、存在感があるソースになります。

第六十候

橘始黄《たちばなはじめてきばむ》

橘とは、古代日本では柑橘《かんきつ》類の総称。橘の実が黄色く色づく頃、冬の野菜・菠薐草が旬を迎えます。味が濃く、カロテン、鉄が豊富に含まれる菠薐草と、相性のよいトマトで、クリスマスカラーのコクがあるソースに。

菠薐草《ほうれんそう》のラザニア　トマトクリームソース

12月2日〜12月6日頃

【材料】

ほうれん草(5cm)		1束
ツナ(またはカニ)		1缶
トマト水煮		½缶
ラザニア		4枚
生クリーム(乳脂肪分35%以上)		40ml
A	玉ねぎ(みじん切り)	½個
	ニンニク(みじん切り)	1片
	オリーブ油	小さじ2
バター		10g
塩・コショウ		少々

【作り方】 調理時間15分

1 ラザニアはゆで上がったら、氷水にさらし、食べやすい大きさに切る。ゆで汁は100ml程とっておく。

2 フライパンにAを入れ熱し、トマト水煮、ほうれん草を加えて炒め、余分な水分を飛ばす。

3 2に1のゆで汁を加え、ラザニア、ツナ(またはカニ)、バターを入れてからめる。

4 火を止めてから生クリームを加え、塩・コショウで調味する。

おぼえ書き　同じレシピで、ラザニアを層にしてチーズをかけて、オーブンやトースターで焼いてもよい。

大雪《たいせつ》

十二月七日〜二十一日頃

山々は雪に覆われ、本格的な冬の到来が目に見えてわかる時節。

金目鯛／きんめだい

12月〜2月

名前のとおり目が金色に輝いており、体全体の赤味が鮮やかなものを選ぶとよい。切り身は脂ののり具合をチェックする。

↓95ページ

白菜／はくさい

11月〜2月

葉がしっかりと巻いていて、重みのあるものがよい。カットされているものは、芯の部分が盛り上がっているものは避ける。

↓95ページ

大根／だいこん

12月〜2月

表面がなめらかで、きれいな白色のものがよい。葉つきで買った場合は、水分の蒸発を防ぐために葉を切り落として保存する。

↓95ページ

海鼠／なまこ

12月〜1月

水温が低いほど身が締まり食感がよくなる。「このわた」は内臓の塩辛、「くちこ」は卵巣を塩漬けにしたもの。

春菊／しゅんぎく

12月〜2月

葉は濃い緑色で根元に近いほうから出ているもの、茎は細めで香りが強いものがよい。茎が固いものは避ける。

↓96ページ

チョロギ

12月〜1月

しその仲間で、地中に埋まっている茎の部分。梅酢に漬けて赤くなっているが、もとは白色。フランス料理にも使われる。

鱈場蟹／たらばがに

12月

脱皮したてのものは身がスカスカの場合があるので、足や甲羅を押して固さを確かめるとよい。オスのほうが味がよいとされる。

三葉／みつば

12月〜1月

香味野菜なので、香りが強く葉の色がきれいなものがよい。根がついているものは、葉を食べたあと土に埋めると再び芽を出す。

↓97ページ

鮃／ひらめ

10月〜1月

体に厚みがあり、ぬめりが透明で、おなかが白く傷がないもの。切り身はほんのりピンク色で透明感のあるものがよい。

↓97ページ

第六十一候

閉塞成冬《そらさむくふゆとなる》

重く垂れ込めた雲に天地の気が塞がれた、深閉とした冬日が続きます。むしょうに鍋物が恋しくなる季節でもありますね。旬の金目鯛を一尾まるごと使った贅沢な鍋。蓋をとると、温かい湯気とともに柚子の香りが広がります。

12月7日〜12月11日頃

金目鯛の柚子鍋

【材料】

キンメダイ（ぶつ切り）	1尾
大根（短冊切り）	½本
白菜（5cmの斜め切り）	1束
せり（5cm）	1束
九条ネギ（千切り）	4本
柚子（輪切り）	1個
昆布（5cm）	1枚
ポン酢	適量
塩	適量

【作り方】 調理時間 25 分

1 キンメダイは、塩をふり 10 分程置き、皮目を軽く焼く。

2 土鍋に昆布と半分程の水を入れ、沸騰直前に昆布を取り出す。

3 2に 1、大根、白菜、せり、柚子、九条ネギを入れ、蓋をして火にかける。

4 具材に火が通ったらポン酢をつけていただく。

おぼえ書き　金目鯛の旨みが凝縮した鍋のシメは、ぞうすいに。またはうどんで釜揚げにしてポン酢でいただいてもおいしい。

第六十二候

熊蟄穴《くまあなにこもる》

熊が冬眠のために穴に入る時期。人間も家の中で過ごす時間が多くなることでしょう。この季節は鍋物が多くなりがちですが、鍋で人気の春菊は和えものにも向きます。春菊の苦みと胡麻油の香りのバランスがよい一品。

12月12日〜12月16日頃

春菊と韓国海苔の胡麻和え

【材料】

春菊(5cm)	1束
韓国海苔	4枚
ごま油	小さじ2
塩	少々
〈飾り〉白ごま	適量

【作り方】調理時間10分

1 春菊はゆでて冷水にさらし、水気を切っておく。

2 ボウルに1とごま油を入れ、手で混ぜ合わせる。

3 韓国海苔をちぎり、白ごまを加え、塩で調味する。

おぼえ書き　春菊は、すぐに火が通るので、湯に入れたらサッとゆがき、冷水にさらし、食感が残るようにするのがコツです。

第六十三候

鱖魚群《さけのうおむらがる》

冬を迎えて、海で育った鮭が産卵のため一気に川を遡上《そじょう》します。鮃も産卵前ですので、脂がのって今がおいしいとき。昆布でしめると旨みと塩気が加わり、弾力性も増します。刺身とはひと味ちがう口福《こうふく》感をどうぞ。

鮃《ひらめ》の昆布〆　三つ葉添え

【材料】

ヒラメ(刺身用サク)		200g
昆布(乾燥)		2枚
三つ葉／せり／水菜		適量
A	ポン酢	大さじ 1
	オリーブ油	大さじ 1.5
	レモン汁	小さじ 2
ピンクペッパー		適量

【作り方】調理時間 10 分

1 ヒラメを昆布で挟み、ラップで包んで密封袋に入れ、半日以上冷蔵庫で寝かせる。
2 Aは混ぜ合わせておく。
3 三つ葉、せり、水菜は、5cmくらいに切って混ぜ合わせる。
4 皿に3をしき、薄く削ぎ切りにした1を盛りつけ、ピンクペッパーを飾る。
5 合わせたAでいただく。

おぼえ書き　切り身の刺身を使うと、短時間（2〜3時間程）で昆布〆ができます。

冬至《とうじ》

十二月二十二日〜一月五日頃

一年でいちばん昼が短く、夜の長いとき。そしてこれを境に、少しずつ日脚《ひあし》が伸び、春の訪れを待ちわびる人びとの気持ちも高鳴ります。

河豚／ふぐ

11月〜12月

水揚げの多い下関や北九州では縁起をかついで「ふく」とよばれる。刺身は透明感のあるものが鮮度が高い。

蓮根／れんこん

11月〜12月

皮に傷がなく、ふっくらとした形のものを選ぶ。切り口がみずみずしく、穴の中が黒ずんでいないものがよい。

↓99ページ

柚子／ゆず

9月〜12月

実にハリがあり、いい香りがするものを選ぶ。保存は皮の部分を幅広にそぎ切りしたものを冷凍し、使う直前に凍ったまま刻む。

鮟鱇／あんこう

11月〜12月

体の8割が水分で身は淡白だが、肝は濃厚な味わい。切り身や肝は薄いピンク色で透明感とツヤがあるものを選ぶとよい。

黒豆／くろまめ

12月

粒が揃っていて傷がなく、ツヤがあるものがよい。煮豆にする時は、鉄の釘や重曹を少し入れると色よく仕上がる。

海老芋／えびいも

12月

表面の縞模様と曲がった形がエビに似ていることが名前の由来。京野菜のひとつだが、静岡県でもっとも多く栽培されている。

↓100ページ

甘海老／あまえび

1月〜2月

殻に透明感があり、脚は赤味が濃いものがよい。頭がついているものは、ぐらついていないかをチェックする。

↓101ページ

金柑／きんかん

12月〜1月

皮に傷がなく色味が濃く、ハリのあるもので、ヘタが茶色く乾燥していないものを選ぶとよい。

慈姑／くわい

12月〜1月

芽の部分はピンとしていて折れていないもの、丸くふくらんだ部分は固くツヤがあるものがよい。

第六十四候

乃東生《なつかれくさしょうず》

枯れ草ばかりの野原でひそかに芽吹く夏枯草は、寒さの中に春への希望をもたらす植物。夏に美しい花が咲く蓮の地下茎・蓮根も、冬の冷たい泥の中で粘りと甘みを増していきます。柚子胡椒マヨネーズ風味の胡麻和えで。

蓮根《れんこん》と鹿尾菜《ひじき》の柚子胡椒和え

【材料】

レンコン(スライス)		150g
ひじき		大さじ2
いんげん(斜め切り)		4本
めんつゆ		小さじ1
A	柚子胡椒	小さじ1
	すりごま	大さじ2
	味噌／砂糖	小さじ2
	マヨネーズ	大さじ1

【作り方】 調理時間15分

1 レンコンは酢水につけたあと、水からゆでる。乾燥ひじきの場合は水で戻しておく。いんげんは、軽くゆでてから切っておく。

2 レンコンとひじきを小鍋に入れ、めんつゆを加えて煮詰める。

3 ボウルにAを混ぜ合わせ、2といんげんを加えて、和える。

おぼえ書き　ひじきは、戻しすぎると栄養成分が溶け出してしまうので、戻しすぎに注意して、水気をよくしぼって使います。

第六十五候

麋角解《さわしかのつのおつる》

雄のシカの巨大な角は、春に生え始め、この時期に脱落します。お節《せち》料理づくりで忙しい季節。お節で定番の京野菜・海老芋のなめらかさを生かして、海老と一緒に贅沢なコロッケにしました。お正月料理にもおすすめ。

12月27日〜12月31日頃

海老芋と海老のクリームコロッケ

【材料】

海老芋	300g
エビ	100g
玉ねぎ（粗みじん切り）	¼個
生クリーム	50ml
卵	1個
パン粉／小麦粉	適量
揚げ油	適量
キャベツ（千切り）	適量
レモン（くし切り）	¼個
塩・コショウ	少々

【作り方】 調理時間26分

1 海老芋は、皮付きのままゆでたあと、皮をむく。熱いうちにざっくりとつぶし、生クリームを加えて混ぜる。

2 エビは背わたをとり、塩水で洗い、1㎝ぐらいに切る。

3 ボウルに1、2、玉ねぎを混ぜ、塩・コショウで調味する。成型したら小麦粉をまぶし、卵、パン粉をつける。

4 180℃に熱した油で、きつね色になるまで揚げる。

5 キャベツ、レモンを添えて器に盛る。

おぼえ書き　海老芋はざっくりとつぶし、エビは大きめでそれぞれ食感を愉しみましょう。

第六十六候

雪下出麦《ゆきわたりてむぎいずる》

お正月です。一面の雪景色となる地方も多いことでしょう。いっぽうで、厚い雪の下で春を待つ麦は、もうひっそりと芽吹き始めています。お正月のご馳走にふさわしい甘海老のとろけるような甘みを、中華風の一皿で。

甘海老と豆腐の中華サラダ

1月1日〜1月5日頃

【材料】

	甘エビ	10尾
	絹豆腐	½丁
	小口ネギ（みじん切り）	適量
A	ザーサイ（みじん切り）	大さじ1
A	長ネギ（みじん切り）	小さじ2
A	ごま油	大さじ1.5
A	しょうゆ	小さじ1
A	酢	小さじ1

【作り方】 調理時間10分

1 Aは混ぜ合わせておく。

2 豆腐は、半分に切る。

3 皿に甘エビ、豆腐をそれぞれ並べてAをかける。最後に小口ネギを散らす。

おぼえ書き　殻付きの甘エビが手に入った時は、足の部分は捨てずに軽く塩をふり、平らにつぶしながら焼くと、香ばしい海老煎餅ができます。

小寒《しょうかん》

一月六日〜二十日頃

「寒の入り」ともいわれ、世の中では「寒中見舞い」が贈り交わされます。言葉の上では、この後に来る「大寒」のほうが寒気《かんき》の強さを表していますが、「小寒の氷、大寒に解く」という言い伝えもあり、むしろこの小寒の時期のほうが、より寒気が意識されるのかもしれません。

ムール貝

厚みがあり、しっかり閉じているものがよい。大きなものは避ける。フランス語の「ムール」がそのまま名前として定着した。

↓103ページ

笠子／かさご

12月〜1月

近海ものは黒っぽく、沖合でとれるものは赤味が強い。身は少ないが、アラでいいだしがでるので汁物に向いている。

蕪／かぶ

1月〜3月

根が白くて丸みがあり固いものを選ぶ。小かぶは卵くらいの大きさがよい。だいこんと同様に葉を切り落として保存する。

蜆／しじみ

1月

殻の色が濃く、ツヤのあるものを選ぶとよい。砂抜きしたあと冷凍保存すると1ヶ月くらいもち、さらに旨みが増す。

ブロッコリー

12月〜2月

つぼみはぎっしり詰まっていて、やや紫がかっているものがよい。つぼみが黄色く、切り口に空洞があるものは避ける。

↓104ページ

鯉／こい

鮮度が落ちると泥臭くなるので、鮮度がよいものを手早く調理する。鯉こくは頭も一緒に煮込むと旨みが増す。

鱈／たら

12月〜1月

まだらとすけとうだらがあり、白子を持つオスのまだらが味がよいとされる。たらこ、明太子はすけとうだらの卵巣から作る。

↓105ページ

水菜／みずな

12月〜2月

葉はきれいな緑色、茎は根元まで真っ白なものがよい。京都では鍋料理によく使われるが、サラダなどで食べてもおいしい。

↓105ページ

第六十七候

芹《せり》乃《すなわち》栄《さかう》

春の七草のひとつである芹は、冷たい沢辺で育ちます。ご馳走三昧の胃は七草粥で休ませましょう。また、魚介がおいしい季節が続いていますので、旬のムール貝をスペイン料理のパエリアにして、お正月気分を変えてみては？

ムール貝と魚介のパエリア

【材料】

ムール貝	6〜8個
エビ(有頭)	4尾
アサリ／イカ	各100g
A　いんげん／パプリカ	適量
玉ねぎ(みじん切り)	½個
ニンニク(つぶす)	1片
トマト水煮	1缶
米(洗い、水を切る)	1.5合
白ワイン	50ml
オリーブ油	大さじ2
レモン(くし切り)	適量
塩・コショウ	少々

【作り方】 調理時間30分

1 熱したフライパンに半量のオリーブ油とニンニクを入れ、香りを移す。次に魚介類を入れ、白ワインをふり中火で炒める。

2 いんげんはゆでて半分に、パプリカは1cm幅に切っておく。

3 残りのオリーブ油で玉ねぎを炒め、トマト水煮を加え、塩・コショウで調味する。

4 米を加えてさっと炒めたら熱湯400mlを加え、中火で5分程煮込む。蓋をしてさらに5分程煮込んだら一度火を止める。

5 4に1と2の具材を並べ、蓋をして中火で5〜7分程蒸し、最後にレモンを飾る。

おぼえ書き　魚介を炒める時は、白ワインをふると臭みを消し、香りよく仕上がります。

第六十八候

水泉動《しみずあたたかをふくむ》

一年でいちばん寒さの厳しい時期に向かいますが、地中では陽気が生じ、凍った泉では水が少しずつ動き始めているようです。ブロッコリーを鮮やかな緑色に仕上げて、春の気分を先取りしましょう。栄養も豊富な一皿。

緑花野菜《ブロッコリー》と豚肉のソテー

【材料】

ブロッコリー	1房
豚肉(ロース塊)	100g
ニンニク(みじん切り)	1片
オリーブ油	大さじ1
バター	10g
塩・コショウ	適量

【作り方】 調理時間15分

1 ブロッコリーは、2〜3分ゆでで、冷水にさらして水を切っておく。豚肉は、3㎝角に切る。

2 フライパンにオリーブ油を熱し、豚肉を加え、きつね色になるまで焼く。

3 2にニンニク、ブロッコリー、バターを加えて炒め、塩・コショウで調味する。

おぼえ書き　ブロッコリーは、ゆで過ぎないようにして、食感を残しましょう。

第六十九候

雉始雊《きじはじめてなく》

雄の雉《きじ》が雌への求愛のしるしに甲高い鳴き声を上げるのは、春に向かおうとするこの時期からとか。春近しとはいえ、雪の季節に獲れることからこの字で書かれる鱈は、今がまさに食べどき。さっぱりしたポン酢でどうぞ。

1月16日〜1月20日頃

鱈ちり鍋

【材料】

- タラ（切り身）……2切
- 白菜（5cm）……⅛個
- 長ネギ（斜め切り）……1本
- 水菜（5cm）……½束
- しめじ……½パック
- 椎茸……4枚
- 豆腐……½丁
- くずきり……適量
- 昆布（長さ約10cm）……1枚
- A［小口ネギ（みじん切り）……適量
- 　 ポン酢……適量
- 大根／唐辛子（もみじおろし）……適量

【作り方】調理時間20分

1. タラは大きめの一口大に切り、熱湯に入れ、表面の色が変わったら冷水にとり、水気を切る。
2. 土鍋に⅓程水を入れ、昆布を加えて火にかける。煮立ちはじめたら昆布を取り出し、タラ、白菜、長ネギ、水菜、しめじ、椎茸、豆腐、くずきりを入れて煮込む。
3. 大根に切れ目を入れ、唐辛子を挟んですり、もみじおろしを作る。
4. 具材に火が通ったら3を合わせたAにつけていただく。

おぼえ書き　タラは、霜降りにすると、鍋に入れても形が崩れません。白子や真子が手に入れば、一層おいしくいただけます。

大寒《だいかん》

一月二十一日～二月三日頃

一年で最も寒さの厳しい時期です。この時期にあえて武道や水泳などの稽古を行うことを寒稽古《かんげいこ》といいます。寒さに耐える体力とともに、精神力を養うのにも最適な季節ということでしょう。

鰤／ぶり

11月～1月

切り身は天然ものはきれいなピンク色、養殖ものは脂が多いためやや白っぽい。いずれも血合いが鮮やかなものがよい。

↓107ページ

百合根／ゆりね

12月～1月

丸みがあり鱗片がしっかりかさなっているものを選ぶとよい。球根のように見えるが、実際は葉が変化したもの。

蜜柑／みかん

10月～2月

ヘタが小さく、皮はきれいなオレンジ色でツヤとハリがあるものがよい。S～Mサイズくらいのものが甘みがあるとされる。

↓107ページ

本鮪／ほんまぐろ

12月～2月

正式名は「くろまぐろ」といい、青森県大間でとれるものが有名。「大トロ」は希少部位だけに高価だが、独特の甘みがある。

↓108ページ

公魚／わかさぎ

12月～1月

体が銀色に光っていて、目が澄んでいるものを選ぶ。カルシウム含有量が多く、骨もやわらかいので丸ごと食べるとよい。

芽キャベツ

1月、11月

巻きが固くしっかりしているもの、大きさが揃っているものを選ぶとよい。葉が黄色くなっているものは避ける。

↓108ページ

真鯛／まだい

12月～1月、4月～5月

目の上が青味を帯びているものが鮮度がよい。「たい」と名のつく魚はたくさんあるが、実際はたいの仲間ではないものが多い。

↓109ページ

セロリー

葉は黄色い部分がなく先端までみずみずしいもの、茎は肉厚で筋がくっきりと出ているものを選ぶとよい。

↓109ページ

牛蒡／ごぼう

1月、5月～6月、11月

太すぎず、均一な太さのものがよい。泥つきのものは洗わずに保存したほうが水分の蒸発が防げるため鮮度が保てる。

↓109ページ

第七十候

款冬華《ふきのはなさく》

雪がまだ残る地面からぽつりぽつりと顔を出す蕗の花は、待ち焦がれた春の訪れの象徴です。脂がのった鰤と、相性抜群の大根を、蜜柑とグレープフルーツの酸味が利いた爽やかな柑橘ソースでいただきます。

鰤のソテー　柑橘ソース

1月21日〜1月24日頃

【材料】

ブリ（切り身）		2切
大根（1.5㎝輪切り）		100g
みかん／グレープフルーツ		各1個
オリーブ油		大さじ2
白ワイン		100ml
バター		15g
A	みかんとグレープフルーツのしぼり汁	各50ml
	はちみつ／オリーブ油	各大さじ1
	ローズマリー	1枝
小麦粉		適量
塩・コショウ		少々
〈飾り〉クレソン		適量

【作り方】 調理時間20分

1 ブリに塩をふり、10分程置く。塩を洗い流し、水気を切ったら塩・コショウをし、小麦粉をまぶす。

2 Aは混ぜ合わせておく。

3 熱したフライパンに半量のオリーブ油をしき、大根を両面焼き、取り出す。

4 同じフライパンに残りのオリーブ油とバターを入れ、1を片面焼き、返してから白ワインを入れ、火を通す。

5 むいたみかんとグレープフルーツを皿に盛りつけ、3、4、クレソンをのせ、仕上げに2をかける。

おぼえ書き　みかんは脂肪の吸収を抑え、疲労回復や美肌効果が期待できます。

第七十一候

水沢腹堅《さわみずこおりつめる》

沢の水に厚く氷が張る時期。一年のうちでいちばん寒い季節にいることを思い起こします。鮪は夏にも冬にも水揚げされますが、日本近海での旬は十二月から二月。やわらかく甘い芽キャベツと一緒に和風ソースでどうぞ。

鮪《まぐろ》の和風ステーキ　芽キャベツ添え

【材料】

	マグロ(刺身用サク)	200g
	芽キャベツ(半分)	6個
	ニンニク(スライス)	1片
A	みりん／しょうゆ／酒	各大さじ2
A	砂糖	小さじ1
B	長ネギ(白髪ネギ)	適量
B	小口ネギ(みじん切り)	適量
B	糸唐辛子	適量
	オリーブ油	大さじ1
	小麦粉	適量
	塩・コショウ	少々

【作り方】調理時間20分

1 マグロに塩・コショウをふり、小麦粉をまぶす。

2 熱したフライパンにオリーブ油を入れ、ニンニクをきつね色に揚げて取り出す。

3 2のフライパンにマグロを塊のまま入れ、強火で表面を焼き固め、取り出す。同時に芽キャベツを端の方で両面こんがり焼き、取り出す。

4 同じフライパンにAを入れて、⅓程度になるまで煮詰める。

5 器に芽キャベツとマグロを盛りつけ、4をかけ、2とBを飾る。

おぼえ書き　ステーキを作る時は、魚でも肉でも、焼く前に冷蔵庫から出し、常温に戻してから使用します。

第七十二候

鶏始乳《にわとりはじめてとやにつく》

春の到来を感じた鶏が卵を産み始める時期。春はすぐそこに来ていることを目にも感じる、そんな淡い色合いが美しい一品。真鯛の透き通った身と、牛蒡やセロリーの食感を生かした、柚子胡椒風味の和風カルパッチョです。

真鯛と牛蒡《ごぼう》とセロリーのカルパッチョ

【材料】

マダイ（刺身用サク）		200g
ごぼう（千切り）		⅓本
セロリー（千切り）		½本
A	マヨネーズ	大さじ 2
	酢	小さじ 2
	柚子胡椒	小さじ ½
ピンクペッパー		適量

【作り方】 調理時間 15 分

1 ごぼうは酢水に浸しアクを抜く。火が通るまで軽くゆで、水気を切り、セロリーと合わせておく。

2 A は混ぜ合わせておく。

3 マダイを薄く削ぎ切りにし皿に並べ、冷蔵庫で 15 分程冷やす。

4 3に1を盛りつける。2をかけ、ピンクペッパーを散らす。

おぼえ書き　一口ずつ、ごぼうとセロリーをマダイで巻いて仕上げても食べやすい。

さくいん

○旬の時期の食材の掲載ページのみ表記しています。

うつくしいくらしかた研究所

この研究所は、日本人が古くから日々の暮らしの中で実践してきたことや、暮らしの中にあった考え方に改めて注目し、現代にも受容される「うつくしいくらしかた」を研究・提案することを目的に設立されました。

「自然に寄り添う」「不便や手間を厭《いと》わず、プロセスや姿勢をたいせつにする」「個人の知恵や技を高める」といった「うつくしいくらしかた」を、さまざまな活動を通じて提案していきます。運営は平凡社と電通が行っています。

http://www.kurashikata.com/

フードスタイリスト	marimo
撮　影	松尾成美
イラスト	西谷久
執筆協力	菱川まさこ
編集協力	ジーグレイプ株式会社

くらしのこよみ
七十二候の料理帖

発行日　2013年11月6日　初版第1刷

編　集　うつくしいくらしかた研究所
発行者　石川順一
発行所　株式会社平凡社
〒101-0051
東京都千代田区神田神保町3-29
電話 03-3230-6582(編集)
03-3230-6572(営業)
振替 00180-0-29639
http://www.heibonsha.co.jp/
印刷・製本　図書印刷株式会社

ISBN978-4-582-41509-4
NDC分類番号596
A5判(21.0cm)　総ページ112